工商管理 学术丛书

组织支持

激活员工的原理与方法

简浩贤　童泽林 / 著

ORGANIZATION SUPPORT

U0912990

北京燕山出版社
BEIJING YANSHAN PRESS

图书在版编目（CIP）数据

组织支持：激活员工的原理与方法 / 简浩贤，童泽林著. -- 北京：北京燕山出版社，2016

ISBN 978-7-5402-4154-4

Ⅰ. ①组… Ⅱ. ①简… ②童… Ⅲ. ①航空工业—工业企业管理—人事管理—研究—中国 Ⅳ. ①F426.5

中国版本图书馆CIP数据核字(2016)第129572号

书　　名：组织支持：激活员工的原理与方法
作　　者：简浩贤　童泽林
责任编辑：金贝伦　王　迪
出版发行：北京燕山出版社

社　　址：北京市西城区陶然亭路53号
邮　　编：100054
电　　话：010-65243837
经　　销：新华书店
印　　刷：三河市兴国印务有限公司
开　　本：710毫米×1000毫米 1/16
字　　数：130千字
印　　张：8印张
版　　次：2016年8月第1版
印　　次：2016年8月第1次印刷
定　　价：26.00元

版权所有 翻印必究

推荐序（一）

《组织支持，激活员工的原理和方法》是我指导的南京大学2011级港澳博士生简浩贤先生根据他的毕业论文的主体内容进行撰写出版的。作为他的指导老师，我非常高兴。受其之邀，特作此序。

俗话云："欲读其文，先知其人。"简浩贤先生是南京大学商学院近年来招收的为数不多的港澳博士之一，给我留下的印象非常深刻。无论是听课、讨论，还是毕业论文的撰写，他都表现得非常认真、非常投入，是一名具备"四识"的高素质人才：求知若渴使他具备超出同龄人的"知识"；紧张工作之余、不远千里从港澳到南京求学，足见其"胆识"；长期在港澳工作生活拥有国际视野但心系祖国传统文化，可知其"见识"；善于换位思考，善于与不同文化背景的人进行交流协作，达成"共识"。

更难能可贵的是，他作为一名从基层锻炼成长起来的航空公司高层管理者，能够身体力行把所学管理理论知识，特别人力资源管理的知识用之于日常经营管理工作，本书所呈现的内容即是来源于他在香港航空的工作体会和实际经历，他这种理论联系实际的精神和能力，为香港航空的服务提升与服务创新做出了较大的贡献。我相信从事企业人力资源管理工作的，尤其是所处行业属于服务业的、特别是从事航空服务业的读者，将从本书获益不少。

我希望一直追求“自强不息”的简浩贤先生以此书的出版为起点，将多年的管理经验进行系统总结，出版更多的成果与读者进行分享，让我们拭目以待！

南京大学商学院名誉院长、特聘教授、博士研究生导师

赵曙明 博士

2016 年 5 月 17 日

于南京大学商学院

推荐序（二）

欣闻简浩贤先生取得了南京大学HR（人力资源管理）专业博士学位，且其毕业论文的主体内容得以集结出版成书——《组织支持，激活员工的原理和方法》，我作为朋友由衷地为他感到高兴，很乐意为这本书写几句话。

现代人力资源管理是一个新兴的专业，与我早年在大学所研习的数学、教育学和法律相隔甚远，老实说我不太懂。好在世间大道相通，仔细想来，无论过去我所从事的教学工作、学校管理工作、创立和引领政治团体的工作，还是现在所从事的立法会工作，都离不开人力资源管理。所以我非常愿意向简博士请教、拜读他的著作。

记得与简博士相识是在一次“香港青年人才的培养”的专题活动中，后面陆续几次感受到他所带团队提供的服务。他为人真诚、志向高远，难怪他南京大学的博士生导师赵曙明教授称他为具备“四识”（知识、胆识、见识、共识）的高素质人才。更难能可贵的是：他作为一名从基层逐步成长起来的航空公司高层管理者，能够身体力行把所学管理理论用于日常管理工作，二十多年如一日。本书所呈现的内容即是来源于他在香港航空的工作实际，他这种理论联系实际的精神和能力为香港航空服务提升与服务创新闯出了一条道路。他和他带领团队的努力已引起北京大学光华管理学院知名教授们的重视，盛赞他们知行合一，并期望他们继续努力、抓紧完善，争取在航空服务业内树立典范、成为丰碑。我相信这一天一定会到来！

我和简博士还有一个共同的心愿：希望香港年轻人早日摆脱心中的迷茫，尽快找到人生努力的方向！其实香港历来以服务见长，巩固和发展香港的服务业的优势，与祖国大陆发展融合，就是香港年轻人的努力方向，我衷心希望有很多香港年轻人读到这本书，从中受到启发，有所获益！

曾钰成

2016 年 5 月 15 日

于香港半山

目　录

摘 要 / 1

Abstract / 3

一、绪论 / 5

（一）研究背景 / 5

（二）问题提出与研究目的 / 7

（三）研究对象 / 8

（四）研究意义 / 9

1. 理论意义 / 9

2. 实践意义 / 11

（五）研究内容、重点及难点与技术路线 / 11

1. 研究内容 / 11

2. 重点及难点 / 12

3. 技术路线 / 13

4. 本研究可能的创新点 / 13

5. 研究框架 / 15

（六）本章小结 /16

二、文献回顾 / 17

（一）组织支持感的概念 / 17

（二）管理层支持感的相关研究 / 20
1. 管理层支持感的界定 / 20
2. 管理层支持感的相关研究假设 / 22
3. 管理层支持感的测量 / 22
（三）上司支持感的文献回顾 / 23
1. 上司支持感的界定 / 23
2. 上司支持感的相关研究及研究假设 / 23
3. 上司支持感的测量 / 24
（四）服务支持感的文献回顾 / 25
1. 服务支持感的界定 / 25
2. 服务支持感的相关研究及研究假设 / 26
3. 服务支持感的测量 / 28
（五）员工正面情绪 / 28
1. 员工正面情绪的界定 / 28
2. 员工正面情绪的相关研究及研究假设 / 29
3. 员工正面情绪的测量 / 32
（六）员工忠诚度的文献回顾 / 33
1. 员工忠诚度概念的界定 / 33
2. 员工忠诚度概念的研究 / 34
3. 员工忠诚度概念的测量 / 35
（七）组织公平感的文献回顾 / 36
1. 组织公平感概念的界定 / 36
2. 组织公平感的相关研究及研究假设 / 37
3. 组织公平感的测量 / 39
（八）理论基础与假设 / 39
1. 管理层支持感与员工正面情绪 / 39
2. 上司支持感与员工正面情绪 / 40
3. 服务支持感与员工正面情绪 / 40

4. 员工正面情绪与员工正忠诚度 / 41

5. 组织公平性对员工正面情绪与员工忠诚度之间的关系 / 42

（九）本章小结 / 43

三、研究设计 / 45

（一）研究变量操作化定义及测量 / 45

1. 组织公平感 / 45

2. 管理层支持感 / 46

3. 上司支持感 / 47

4. 服务支持感 / 48

5. 员工忠诚度 / 49

6. 员工正面情绪 / 49

7. 控制变量 / 50

（二）调查程序及方法 / 50

1. 调查方法 / 50

2. 资料收集过程 / 56

3. 资料分析方法 / 58

（三）本章小结 / 63

四、数据分析及假设检验 / 64

（一）数据收集 / 64

（二）样本的描述性统计 / 64

（三）量表的信度和效度检验 / 68

（四）变量的因素分析及相关性分析 / 70

1. 变量的因素分析 / 70

2. 变量间的相关性分析 / 73

（五）整体模型及假设检验 / 74

1. 拟合指标 / 74

2. 结构方程模型分析 / 76
3. 实证结果的进一步验证 / 80
（六）本章小结 / 85

五、研究结论及未来展望 / 88
（一）研究结论与讨论 / 88
（二）研究贡献 / 89
（三）实践启示 / 89
1. 提升管理层支持感 / 89
2. 提升服务支持感 / 91
3. 提升员工正面情绪 / 92
4. 提升组织公平感 /94
（四）本文研究的不足和未来研究展望 / 97
1. 企业抽样不平均 / 97
2. 研究方法合适程度 / 98
3. 其他因素对员工忠诚度的影响 / 98

参考文献 / 100
附件 :《组织支持感与员工忠诚度》调研问卷 / 113
感言 / 117

摘　要

自 2001 年中国加入世贸组织以来，中国经济持续快速发展。同时，与世界各国的贸易往来不断增加，与各国间的文化交流也日趋频繁。世界在认识到中国的悠久历史和美丽风光之后，赴华旅游的人数也不断攀升。2001 年，中国入境人数达到 8901 万（新华网，2002）。到 2011 年，中国入境人数已经超过 1.35 亿（国家旅游局信息中心，2012），短短十年内升幅超过 51%。这是中国航空业发展的重大机遇，同时，也是极大的挑战。

虽然旅客人数的大幅增长推动了内地航空企业的快速发展，但是也面临人员短缺、管理不善等问题。航空业需要轮班工作，工作时间不定时；空中服务员的工资会因为航班的多寡而有所变化，工作地点也会随着航班目的地的改变而改变。此外，中国是一个有着浓厚家庭观念的国家，人们倾向于早婚，这一家庭观念也会影响他们工作。不稳定的工作会影响到员工的婚姻状况，导致航空业员工很高的离职率和频繁的跨行业流动。这是当前航空企业面临的重要问题，也是关系到员工个人切身利益的重大课题。2012 年年底，中国民用航空公司下达文件，规定从 2013 年 8 月 1 日起，空中服务员的平均年飞行时间不超过 850 个小时。这一规定导致绝大多数客舱乘务员的飞行时间减少三分之一左右。这无疑又增加了航空企业对空中服务员的需求，给流失率偏高的航空业带来更大的打击。一线员工的缺乏，不仅会影响企业服务质量的提高，长远来看，还会增加企业运营成本，导致顾客流失，影响企业的长久发展。因此，留住人才是内地航空业亟待解决的重要问题。

留住人才最简单的方法是提高员工的福利，减少工作量等，但是增加员工福利意味着企业成本的增加。而且在竞争日趋激烈的内地航空业，企业并没有充足的资金来增加员工福利。因此，企业就需要采取其他措施来激励、留住员工，比如精神激励的方法。通过文献回顾，笔者发现通过增加员工的企业支持感、提高员工感知到的公平感来激励员工是一个较为可行的方法。目前在学术界，研究组织支持感与员工忠诚度之间关系的著作并不多。大部分研究集中在员工工作满意感与忠诚度之间的关系。而以内地航空业一线员工为研究对象的文章并不多见。通过文献梳理，笔者发现只有极少数学者将组织公平性加入模型作为调节变量，同时学术界也缺乏对这一问题的深入研究，从而为企业的人力资源管理实践提供具体的操作方案仍显不足。

综上所述，本研究以内地航空业一线员工为研究对象，包括地勤人员和空中服务员，探讨组织支持感与员工忠诚度之间的关系，以员工的正面情绪为中介变量，同时还加入了组织公平作为调节变量。

本研究采用李克特量表 (Likert scale) 进行问卷设计，并结合相关问题进行了深度访谈。为避免受访者过于集中，本研究选取了三家不同规模的内地航空企业进行调研。因为受访者的工作时间不尽相同，而且是我们比较难接触到航空业一线员工。因此，研究采取滚雪球抽样 (snowball sampling) 的方式，利用人际网络将问卷以邮寄的方式寄送给三家内地航空企业的部门主管，委托部门主管将问卷分发给下属进行填写，避免因为样本数量过小而导致的统计学误差，影响结果的准确性。

问卷调查历时一个月，共发放问卷 250 份，回收 210 份，问卷回收率为 84%。经过整理，删除无效问卷，最终得到有效问卷 200 份。数据分析结果显示，受访者的背景与现实环境相符。受访者大多为女性，年龄集中在 25—44 岁，学历水平多为中学及大专。受访者大部分为地勤人员，平均工作时间为 8 年。经检验，本研究的信效度均良好，本文的研究假设也都得到了验证。研究还发现，上司的支持感并不会影响员工的正面情绪，这一结果与我们的假设有所差别，所以我们抽样进行了深度访谈。访谈发现，员工认为原因在于上司的权力不足。上司的支持感并不会给员工的正面情绪带来任何影响。

研究结果还显示，管理层支持感及服务支持感与员工的正面情绪正相关，进而影响员工的忠诚度。此外，组织公平感与员工忠诚度正相关，与员工忠诚度正相关。据此，研究对企业的人力资源管理实践提出了针对性的建议，通过提高管理层支持感、服务支持感及组织公平感来增加员工忠诚度。最后，笔者总结了本文的局限和不足，对未来相关研究的发展进行了展望。

关 键 词：组织支持感　组织公平感　员工正面情绪　员工忠诚度

Abstract

Since 2001, China has bcome the member of World Trade Organization. China's economy keep growing in recent years. Not only the commercial activities between China and other countries increased, but also many foreigners come to travel. There are 89 million people entered China in 2001and it growth to 135 million in 2011. In other words, the number of imigrants increased more than 50% in the past 10 years. This is a good opportunity for China's aviation industry to have fast development, but it may cause some troubles to it.

The number of tourists increased will bring a lot of income to Chinese aviation companies. However, Chinese aviation companies are facing the problem of labor shortage. In this industry, the front line staffs do not have stable working hours and places. This is a problem to them as Chinese emphasis on family, the unstable working hours and working places would affect people's family life.Therefore, many front line staffs quit their job after working in the industry for few years. This is a serious issue in this industry.

At the end of 2012, Chinese government set up a new rule – front line staffs can not exceed 850 working hours per year. The new rule will be started since August 2013. It means that the new rule will increase the demand of front line staffs. In the short run, it will cause the poor service quality. In the long run, it will increase the operation costs of the companies and affect their development. In short, how to retain the staffs become one of the most important issues to the companies.

Normally, company provides more benefits, such as salaries, housing allowance, to it's staffs when it wants to retain them. It means that the operation costs will be increased. In China, aviation industry is highly competitive, there is no room for the companies to increase employees' benfits. Therefore, companies should use other methods that would not increase the costs sharply. One of the possible methods is to increase the organizational justice. In the academic field, researchers seldom focus on the relationship between employees' positive emotions and employees' loyalty. Most of the previous papers concentrated on the relationship between employees' work satisfaction and employees' loyalty. Almost non of the researcher use the front line staffs of Chinese aviation industry as the sample. As we understand that the problem is serious and scholars do not have possible solutions to it. Therefore, this study would use front line staffs of Chinese aviation industry as sample to find out the relation between perceived organizational support, perceived organizational justice, employees' loyalty and employees' positive emotions.

This study mainly uses questionnaire to collect data. In the questionnaire, the questions are in the five points likert scale. Other than that, we would select some particpants to have further interview after the data analysis processes. As the front line staffs need to work in different time and places, it is hard for us to collect data, so we used snowball sampling other than radomn sampling to increase the sample size.

After a month for collecting questionnaires, this study received 210 responses and 10 of them haven't completed. In other words, this study contains 200 samples and the respond rate is around 80%. Most of the respondents are female and within the age range between 25 and 44. The largest proportion of them have secondary and associate degree education level. Nearly 60% of them are ground crew and their average working years are 8 years. It is similar to the reality. After using SPSS and Amos to analyze the data, we found that most of the hypothesis are accepted, only perceived supervisor support does not have any relationship with employees positive emotion. This result is surprised to us, so we have done two interviewees with interviewers to find out the reasons behind. The interviewees mentioned that supervisors do not have real power to make decisions. They can not help the front line staffs to fight for their rights, such as increase salaries and holidays. Therefore, they believed that there is no relationship between these two factors.

As we found that most of the hypothesis are accepted, so some possible methods that can help the organziations to retain the front line staffs are raised. In the last part of this article, we have stated the limitations of this study and the future research directions on related area.

Keywords: Preceived organizational support　perceived organizational justice employees' positive emotions　employees' loyalty

一、绪论

本章通过对研究背景的简要介绍，提出中国航空业正在面对着的问题。同时，本章对有关组织支持感的研究文献进行了回顾，提出了论文的研究目的及创新点。最后，通过将整个研究的简单流程以表列的方式呈现，更加清晰明了论文的整个研究框架和结构。

（一）研究背景

自加入世界贸易组织 (WTO) 以来，中国每年的经济增长均超过 8%，在 2007 年更达到 14.2% (International Monetary Fund, 2011)，成为仅次于美国的世界第二大经济体。中国的崛起推动了与世界各国之间的经济、文化等方面的交流。商业上，很多外资企业来中国投资，有些甚至在中国建立合资企业。外资企业的管理人员经常到中国处理企业事务及与合作伙伴开会。西方企业的员工来往中国变得越趋频繁。除了商业上的交流，世界慢慢开始认识中国的壮丽景色。在一些最佳旅游地点选举中，中国的一些大城市，如北京、上海等，经常获得高度评价，甚至举办了一些世界性的活动，例如上海世界博览会及北京奥运会等，赴华旅游的人数每年都在大幅增加。2001 年，中国入境人次达到 8,901 万 (新华网，2002)。到 2011 年，中国入境人次已经超越 1.35 亿 (国家旅游局信息中心，2012)，十年内升幅超过 51%。商务及观光旅客人数的急剧增长，为不同行业的迅速发展带来很多机遇。例如在 2008 年北京奥运时，酒店就出现了供不应求的情况，海南岛离岛免税也使得该地的零售业快速发展。而这其中航空业是直接受益的行业之一。虽然高铁及邮轮的普及使得旅客有不同的交通工具选择，但是由于飞机的便捷性，大多旅客倾向于选择飞机出行，因此飞机仍然是旅客的首选。

2011 年，中国民用航空业完成旅客运输量 29,317 万人次，比 2010 年增加 2,548 万人次，增长 9.5% (中国民用航空局发展计划，2012 年 5 月 7 日)。2012 年，全行业预计完成运输飞行616万小时和278万架次，同比分别增长10.1%及9.0%(中国民航局,2012年12月24日)。国际航空协会2012年年底发布的《2012—2016年全球航空业预测报告》指出，2012年至2016年，全球航空客运量每年将实现5.3%的递增，预计到2016年将达36亿人次。中国等地区将出现更多客流。到2016年中国航空客流量将较2011年增长近1.93亿人次(国际商报网,2012年12月12日)。中国已成航空业发展最前沿最迅速的国家之一。国际航空协会(International Air Transport Association，简称IATA)发言人佩里弗林特曾经表示，中国已是第二大航空旅行市场，且是增长最快的之一。按目前的增长趋势预测，中国将在2038年取代美国成为最大国际市场(USA TODAY, 2013年1月20日)。虽然收益增长非常迅速，但同时，也面临着新的挑战，其中最主要的就是人力资源供应的问题。如果得不到妥善解决，将会大大影响内地航空企业的长远发展。

中国民航业快速发展的同时对一线员工的需求也大幅上升，每一架飞机必须有三到四位空中服务员为顾客提供送餐服务及应付突发事件等。为了让航班准时起飞，大幅增加的旅客意味着地勤人员需求的增加。对航空业一线员工需求的急剧上升使得人才招聘变得困难。同时，政府出台的政策更大大增加了客舱乘务员的需求量。中国民用航空局于2003年规定客舱乘务员每月最高飞行时间不得超过120小时，这样使得人员供应开始变得紧张。到2012年年底，中国民用航空局又下达文件，规定从2013年8月1日起，空中服务员的平均年飞行时间不超过850小时。这一规定导致大多数客舱乘务员的飞行时间减少三分之一左右(沈阳晚报,2012年11月10日)。空中服务员的供需矛盾更加突出，使得本来短缺的人才供应更加不足。

空中服务员流失率较高的问题，一直困扰着中国航空公司。当空中服务员离职以后，航空公司需要付出大量的人力成本和时间成本重新招聘和培训。新入职的客舱乘务员在整个乘务队比例偏高，会影响服务品质(中国民航报, 2012年6月13日)。而作为空中服务员，对体能的要求及应变能力要求很高，而且上班时间及收入不稳定。访谈发现，很多空中服务员会在从事这行业四至五年体力开始感到不足及结婚生子之后便离开这个行业，而少部分人则可以转职为地勤人员及训练新入职空中服务员的教练。由此可见，航空业的一线员工流失率非常高。在供不应求的情况下，如何留住人才成为每一家航空公司亟待解决的问题。

2007年行业杂志《中国民用航空》第10期曾有文章分析，中国民航企业人才流失出现常态化、高频化、集体化的现象，其首要原因是缺乏有效激励机制，而员工组织支持感的不足也是使得事情恶化的原因之一，文章中提及的解决方法包括培养员工的归属感和忠诚度等一系列措施(罗铁南,2007)。綦琦曾撰文指出，如要全面提升中国民航服务质量，应从关注一线员工权益开始(民航资源网,2011年12月12日)。但可以用于航空业一线员工的激励政策并不多，组织不能提供更好的工作环境，同时不能实行岗位轮换等提升满意感的政策。而且正如上述所言，员工在工作上面对的挑战很多，因此员工的组织支持感对提升组织忠诚度变得十分重要。

虽然留住人才对企业来说非常重要，但作为商业机构，企业必须顾及竞争及提高客户服务的经济收益，很多公司都尝试找出不同的方法来提升其服务质量及能力(Abbasi, Khan and Rashid,2011)。中国企业及员工有其独特的一套文化和价值观，倾向于人治而非法治，借鉴西方的人力资源管理研究方式已经满足不了我国目前的需求。如何根据航空业发展的具体情况，从企业自身出发，设计出可解决当前难题的政策将是我国航空业人力资源管理面临的严峻挑战。因此，本文对现有有关组织支持感的研究文献进行梳理，结合我国航空业的发展现状，审视组织支持感如何影响员工的正面情绪，进一步探索员工的正面情绪对其忠诚度的影响。为航空业留住人才提供重要的实证支持，让航空企业能有效地选择出各种方式解决人才流失而导致的服务水平低下及成本上升的问题。

（二）问题提出与研究目的

中国航空业一线员工工作压力大、工作时间长、工作不定时、旅客增长所带来的额外工作等问题，导致员工的正面情绪受到很大影响，继而引发一连串的反抗及离职行为，给企业带来非常巨大的负面影响。短期内可能会导致企业人员短缺，同时，新入职员工也会因为不熟悉工作流程而感到压力，影响服务质量。新入职员工也会因为未能适应而离职，造成企业发展后备人才供应不足的恶性循环。从长远来看，企业的发展会因为人才流失及其所带来的成本上升而造成重大损失，影响企业的长久持续发展。由此可见，航空业的人才流失问题并不仅仅影响企业利润，还会严重影响整个行业生态。

虽然通过提供舒适的工作环境及更好的福利能使得员工的忠诚度有所提高。但是由于航空业市场竞争激烈，企业需要进行差异化的宣传，以低价格来吸引客户。在不能增加收入的情况下，为了保持盈利，企业不得不尽可能进行成本控制，减少开支。而航空业的人才供需矛盾因为政策的改变而更加严重，国家关于最高工时的限定也使得企业需要聘请更多员工，无疑会提高招聘、培训等一系列的成本投入。同时，航空业人才供不应求的状况已经导致工资的上涨。因此，若尝试以增加经济投入的方式来解决困局，在短期内可能有效果，暂时留住员工，但会因此加重企业的经济负担，压缩企业的利润空间，影响企业的后续发展。因此，本研究尝试从精神激励的角度来化解困局——验证能否通过提升组织支持感来提升员工的正面情绪，继而增加员工的忠诚度，以及提升组织公平感，解决这个长期以来让人担忧的问题。

学术界许多学者都曾经研究过有关员工工作满意感与员工忠诚度之间的关系。但是员工的情感并不是只会透过其工作满意感表达出来，其中还有很多其他情绪能影响员工忠诚度。而且大部分研究都是在西方国家进行的。中国是一个拥有五千年文化的国家，拥有独具东方特色的经济社会运行模式，其他国家的理论不能直接应用到中国。因此，本研究将现有的文献及理论重新整合，以期能够丰富拓展以往的研究。以往学者都是将组织支持感视为一个大概念，当作模型中的一个变量，忽略了组织支持感的变量细节。本研究整合旧有的理论，提出一个新的模型进行验证。

总的来说，本研究的目的非常清晰——探讨组织支持感与员工正面情绪的关系，进而讨论员工正面情绪与其忠诚度之间的关系；进而验证增加组织公平感是否影响员工正面情绪与其忠诚度之间的关系，以避免将会出现的行业生态崩溃局面。

（三）研究对象

航空企业主要的人力资源流失来自一线员工，如何留住以及激励他们对企业的生存和发展至关重要。在航空业中，一线员工的种类很多，包括空中服务员、机坪服务人员、旅客服务人员、装卸服务人员、机具修复人员等。为了方便统计，本研究将他们分成两大类——空中服务员与地勤人员，并以他们为研究对象。探讨组织支持感对员工正面情绪及员工正面情绪对其忠诚度的影响。在数据收集方面，本研究尝试在国内不同规模的航空公司收集数据，以防止受访者过于集中在某一类企业。数据的可信度对整个研究有着关键性的影响，取样的样本要多少才算够大是一直有着争议的地方，学者们都有着不同的看法。Sudman(1976) 认为如果是地域性的研究，平均样本人数在 500 至 1000 人较为适合。而如果是全国性的研究，平均样本人数在 1500 至 2500 人之间则较为适合。学者 Gay(1992) 则认为进行描述研究 (descriptive research) 时，样本数最少需要占母群体的 10%，如果母群体较小，则最少样本数最好为母群体的 20%。当进行相关研究 (correlational studies) 时，取样数最少应该有 30 人或以上。如果进行因果比较研究 (causal-comparative studies)，各组的人数至少要达到 30 人。虽然目前学术界没有一个清晰的取样数目要求，但为了提高结果的可信度，避免数据过度集中而出现统计上的误差，本研究将力争达到不少于 150 份问卷的数据量。航空企业的一线员工工作都非常忙碌，而且上班时间地点会经常改变，所以很难对他们进行调查。因此，本研究采用滚雪球的方法收集数据，利用人际网络将问卷邮寄给各企业的主管，让他们分发给自己的下属进行填答。

（四）研究意义

开展每一项研究之前都必须要考虑其贡献。若只是重复前人的理论，不与现实实践需求相结合，研发出对社会有意义的模型或理论，这样就没有继续进行研究的价值和意义。虽然人力资源这个课题已经被不同的学者进行过大量的研究，但本研究仍然有着自己独有的特点。本文的研究意义分为理论意义及实践意义两部分，分析如下：

1. 理论意义

第一，本文较全面地整合了组织支持感理论，并探讨中国航空业员工的组织支持感对其忠诚度的影响。中国是世界人口大国，人才供应源源不竭。以一般行业而言，聘请到足够的人才并不是什么难事。即使在一些工作条件较差的行业，例如煤矿开采、建筑等，因为可以招揽一些低学历人士或农民工，企业往往都能够顺利招揽到足够的人才。但与旅游相关的行业，其中包括旅行社、酒店业、航空业，由于行业情况比较特殊，员工会在行业工作一定年资后离开行业 (Zhang &

Wu, 2004)。根据 Zhang and Wu (2004)，中国的酒店业在近年很难聘请到符合要求的人才来填补空缺。航空业的情况也与酒店业类似，航空业对一线员工的需求大幅增加，而拥有足够学历同时愿意加入航空业的人员供应明显不足，如何留住人才既能减少企业的支出，同时也能保持一个较高的服务质量是企业的关注点。因此，本文通过研究组织支持感对员工正面情绪的影响、员工正面情绪对员工忠诚度的影响及组织公平感对员工正面情绪及与员工忠诚度之间关系的影响，有效地整合了现有的组织支持感概念，在探讨员工所需的组织支持感后，制定出可以留住人才的政策，并且以实证分析验证理论，进一步完善了我国人力资源管理部门在航空业的角色。

第二，本文较全面地检验了组织支持感对员工正面情绪及忠诚度的影响作用，某种程度上扩展了已有的研究。目前，国内外的相关研究主要将企业支持感看作一个整体概念，很少有学者会将企业支持感细分为数个变量。而且，国内外的学者在人力资源管理的研究中很少加入员工正面情绪的概念。近年，员工的工作压力越趋上升。富士康事件被各地传媒广泛报导，血汗工厂、自杀事件深深印在人们的脑海之中 (Lucas, Kang & Li, 2013)。企业对员工的支持及其正面情绪开始受到社会大众的重视，企业为顾及其形象也慢慢地关注员工的情绪及与他们的沟通。有研究指出缺乏正面情绪不但会降低工作效率，同时也会导致员工离职 (Robbins and DeNisi,1998)。虽然上述因素看似有着一定的关系，但是在现阶段仍没有学者对组织支持感内的因素与员工正面情绪及员工忠诚度的关系进行一个综合的分析和验证。本文综合现有文献，将组织支持感分解为三个项目，让人们更清楚每一项因素对员工正面情绪及忠诚度的作用。因此，本文的检验为这一课题研究提供了支持。

第三，本研究将组织公平感作为调节变量及服务支持感纳入分析框架。目前国内外对服务支持感与员工忠诚度之间关系的实证支持并不多。与此同时，较少学者审视组织公平感如何影响员工正面情绪与其忠诚度之间的关系。但是，组织公平性的多寡往往会影响员工正面情绪与员工忠诚度的关系。如果员工拥有正面情绪，但组织处事及分配资源不公平，员工不能得到合理的报酬和待遇，员工很可能会选择消极怠工或离开企业 (Robbins and DeNisi, 1998)。因此，本文利用路径分析对它们进行探索性的检验，揭示它们之间的的关系，为未来进一步深入研究提供理论基础。

2. 实践意义

首先，本研究将组织支持感细分为三个变量，并探索它们与员工正面情绪之间的关系。因为组织支持感是一个很大的概念，若不作细分，企业很难制定合适的人力资源政策。本研究则将这个概念分成上司支持感、管理层支持感及服务支持感三个变量，从而避免了上述的问题，有助于企业的人力资源部门更为全面地把握人才管理方向，避免提出一些无效的人力资源政策，为健全企业人力资源管理部门的职能提供启示。

其次，本文通过验证组织支持感与员工正面情绪及员工忠诚度的关系找出关键变量，让人力资源部门可以将资源集中到成效最高的项目，增加员工的正面情绪，提高员工的忠诚度，从而留住人才，维持企业的竞争力，解决企业成本上升及人员短缺这些严重问题。

其次，本文以组织公平感作为调节变量，验证它如何影响员工正面情绪与其忠诚度的关系，这是之前的研究较少验证的范畴。如果研究证明它能影响到员工正面情绪及员工忠诚度的问题，本研究就可在一定程度上指导人力资源管理部门在制定及执行政策时更公平地去处理，减少因为不公平对待而产生的消极怠工和离职行为。

最后，研究结果具有重要的政策指导意义。本研究较为全面地厘清了组织支持感与员工满意度之间的关系，同时采用理论与实证的研究方法探索员工的满意度对其忠诚度的影响。通过此次研究，可对组织支持感提高员工忠诚度的实践提供一定的理论思路与参考，同时，明确了组织公平感如何影响员工正面情绪与员工忠诚度之间的关系，为人才竞争激励的中国航空企业如何留住人才提供了一定的启示，指导企业制定合适的人力资源政策。

（五）研究内容、重点及难点与技术路线

1. 研究内容

本文旨在全面厘清组织支持感对员工正面情绪的影响、员工正面情绪对员工忠诚度的影响及组织公平感对员工正面情绪与员工忠诚度之间关系的影响。本文

根据理论与现实依据，采用理论与实证的研究方法进行探索。本文的研究结论为企业应对我国航空业人才流失提供了有价值的理论依据，同时希望通过本研究制定合适的政策，提升员工所需的组织支持感，从而达到留住人才的目的。本研究的主要探讨内容包括以下五个方面的主题：

主题一：管理层支持感如何影响员工正面情绪

主题二：上司支持感如何影响员工正面情绪

主题三：服务支持感如何影响员工正面情绪

主题四：员工正面情绪如何影响员工忠诚度

主题五：组织公平感作为调节变量如何影响员工正面情绪与员工忠诚度之间的关系

通过以上探讨，我们可以发现变量之间影响的强弱程度，继而为内地航空企业提出一些针对性的政策方案，让企业能留住人才，为它们未来的发展提供参考和指导。

2. 重点及难点

本文的研究重点及难点包括以下两个方面：

第一，变量的定义及测量方法。中国是一个历史悠久的国家，有自己的一套文化。它既不像西方那种自由模式，也不像日本、韩国等的东方模式。中国人拥有自己独特的精神面貌，重视关系。因此，中国的企业不能把其他国家的研究及理论直接拿过来运用。我们也不能用理解西方人的一套去解读中国人的思维与行为。但是大部分的理论及尺度均来自西方学者，而他们研究的对象是西方国家。因此，本研究需要对组织支持感、组织公平感、员工正面情绪及员工忠诚度这些概念进行梳理。在选择一些普遍接受的定义及可信度高的测量方法时，我们也会对它们作出调整，建立符合我国目前状况的定义与尺度。避免因为中西方思维的不同而导致研究结果出现偏差。

第二，有关中国航空业员工正面情绪与员工忠诚度关系的探索。在人力资源管理的研究中，学者们经常都以员工工作满意度为变量，探讨它与员工工作表现的关系。但是，我们发现很少有学者研究员工正面情绪，其中最主要的原因可能是在现有的文献中并没有太多相关的尺度，而大部分用于心理学的尺度都不是李

克特量表 (Likert Scale)，所以它们并不能用来测量变量之间的关系，导致量化员工正面情绪有一定的困难。此外，本研究采用服务支持感这一变量，之前并没有太多学者对此概念进行研究。但是服务支持感同时对现在的服务行业是非常重要的，他们会直接影响到顾客满意度，也会影响员工工作能否顺利完成。因此，探讨这个因素非常必要。在探索这两个变量的时候将会遇到文献支持上的困难，可能需要利用心理学的研究作理论支持。

3. 技术路线

本研究采用理论研究与实证分析、问卷调查相结合的方法，分析组织支持感对员工正面情绪的影响、员工正面情绪对员工忠诚度的影响及组织公平感对员工正面情绪与员工忠诚度关系的影响。本研究的具体研究方案根据以下流程实施：

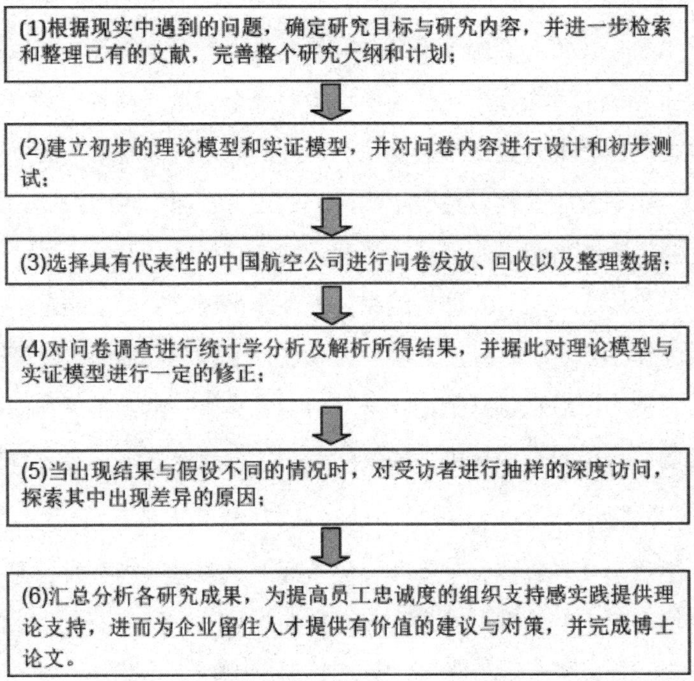

4. 本研究可能的创新点

本研究的创新主要表现在三个方面，分别为研究内容创新、研究方法较为科学及研究结果具有重要的政策指导意义。详述如下：

第一，研究内容创新。本研究在综述了国内外人力资源政策领域的学术文献后，根据我国航空业遇到的具体困难——一线员工流失严重及供应不足，提出了一个对航空业长远发展有帮助，提高员工忠诚度的模型。模型中将会验证组织支持感如何影响员工正面情绪及员工正面情绪如何影响其忠诚度。另外，本文也使用已有的组织支持感的研究理念，将组织支持感这个大概念分解为三项，包括上司支持感、管理层支持感及服务支持感。在组织支持感中加入了服务支持感的概念，这个概念特别适合本研究调查的行业。航空企业是一个服务行业，一线员工时时都需要与顾客接触。如果支持的同时服务不妥当，让顾客感到不满便会大大增加一线员工的工作难度。因此，服务支持感对一线员工的支持感感知是会有重大影响的，所以在本研究中将会加入这个变量。此外，研究中将会测试组织公平性如何影响员工正面情绪及员工忠诚度之间的关系。最后，本研究将会制定出一个更全面及适合内地航空业发展情况的模型，探索了前人未曾验证的领域。

第二，本研究试图打开组织支持感与员工忠诚度的“黑箱”。以往的研究大多将组织支持感视为一个概念，作为模型中的一个变量。现有有关组织支持感与员工忠诚度之间关系的结论都十分笼统。学者们尚未全面地对两者的中介作用机理进行探讨。本研究将会针对在学术领域上的这个空隙，将组织支持感细分为三个变量，包括上司支持感、管理层支持感及服务支持感。此外，本研究还加入员工正面情绪作为中介变量，及加入组织公平性作为调节变量，制定了一个新的模型。为组织支持感与员工忠诚度之间的关系进行了一个详细的研究及分析。在学术上，本研究能为以后从事这个范畴研究的学者提供一定的参考和借鉴。而在实践中，研究的结果能对企业提供一些新的启发，为制定人力资源政策带来一些创新。

第三，本研究得出的结论与他人的研究有着一定的不同之处。上司的支持感对员工的情绪有很大的影响。因为上司在日常营运中扮演着一个重要的角色，他们有权力决定一些有关营运的重大决定，在一定程度上是代表企业的。换句话说，上司的支持与否会大大影响到员工的日常工作及休假等福利。但是在本研究中，我们发现上司支持感与员工正面情绪并没有任何关系。这个结果与一般人的认知有着很大的差别。当得出结果后与受访者进行深度访谈时，我们了解到这是内地航空业近年特有的情况。在航空企业，基于人员短缺及工作性质的关系，一线的管理者基本上没有太多空间进行人员调配。在一些重大的事情上，包括升职及工资调整，一线的管理者都不能对结果有什么影响。因此，上司的支持强与弱对员工并没有较大影响。这个新发现打破了前人的传统观念——认为上司支持感强必定会带来员工正面的情绪。在理论层面上，这个发现能让之后在研究人员短缺的行业中，上司支持感的作用提供一个依据。而在实证上，它也能为企业提供一个反思机会，有些情况下是否需要为上司提供适当的资源，让上司能有效地增加员工正面情绪，为企业留住人才。

5. 研究框架

本文分为五个部分，分别为绪论、文献回顾、研究设计、数据分析与假设检验、研究结论及未来展望，而每章中有若干个小章节。论文框架如下：

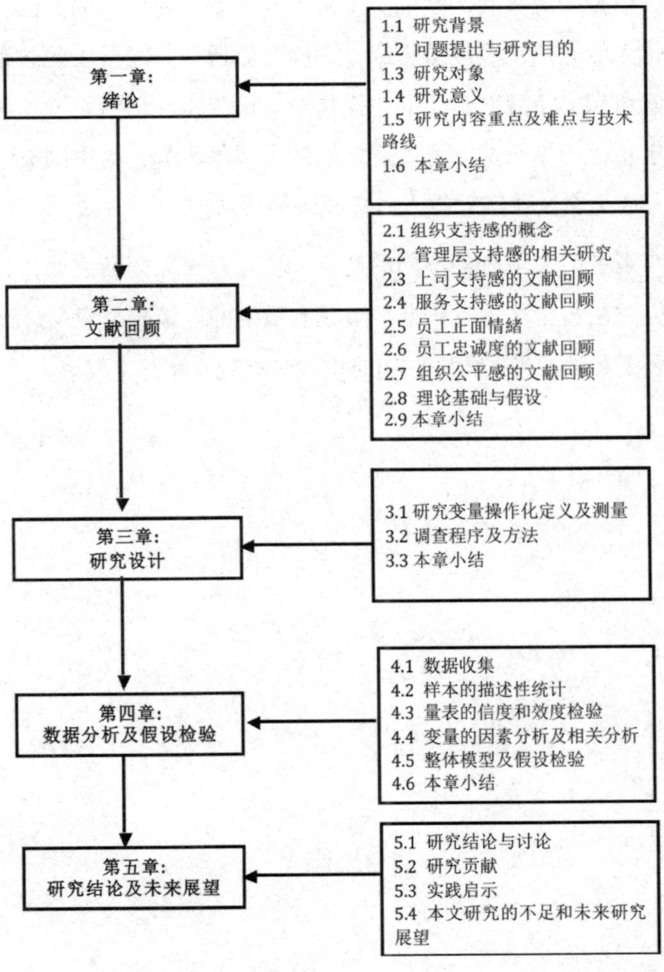

（六）本章小结

本章提出了中国航空业近年所面对的人力资源问题。中国航空业的一线员工因为工作性质及工资的关系，往往会在工作一段时间后，通常为两至三年便会离开航空业。近年中国在世界舞台崛起，企业纷纷来到这片蓝海发展，到访中国的旅客及商务客人人数急剧上升。因此，航空业一线员工的需求大大增加。而政府的政策改变，使得航空业一线员工的工时减少，减少了员工的供应，导致问题更趋向严峻。有研究指出员工离职是因为内地企业缺乏激励制度。但是在竞争激烈的环境之下，以金钱或福利去激励员工留下并不是一个可行的方法。为了有一个长远的发展，企业必须制定能节省成本，同时能留住一线员工的政策。因此，本研究通过探索组织支持感对员工的正面情绪、员工正面情绪对员工忠诚度及组织公平感对员工正面情绪与员工忠诚度之间的关系的影响，为中国航空企业提供方向，制定出一套适合企业实际的人力资源政策。

本研究与现有的文献有着不同的地方，主要有三项创新之处，分别是研究内容创新、研究方法较为科学及研究结果具有重要的政策指导意义。这些创新能能在一定程度上丰富学术界的研究，同时也也具有现实指导意义。

二、文献回顾

本章对本研究的五个变量，包括管理层支持感、上司支持感、服务支持感、员工正面情绪、员工忠诚度及组织公平感的相关文献进行一个详细的探讨，并在此基础上进行文献评述，找出适合的量度工具，并依照前人的研究提出本文的五个假设，建立本研究所需验证的模型。

（一）组织支持感的概念

自 20 世纪 20 年代以来，人力资源管理这个术语的内涵和外延定义持续不断地变化。到了 20 世纪 80 年代，人力资源管理成为一门独立的学科 (Kaufman, 2001)。 一直以来，人力资源政策都是学术界研究的重要领域。人力资源政策这个概念有着不同的定义，但一般而言，它所指的是在工作场所所实行的政策。根据徐艳 (2011) 的解释，人力资源是指"能够作为生产性要素投入企业运作与社会经济活动中，并创造财富的人的劳动能力，是人的体力和脑力的综合"。它包括人员选聘录用政策、培训与开发制度、员工激励制度、评估考核制度、奖金福利制度、劳动关系政策在内的政策和制度群。 何静娴 (2013) 将人力资源政策分为三个主要部分，分别为员工的聘退与培训，员工的薪酬、考核、晋升与奖惩， 关键岗位员工的轮岗制衡要求。

人力资源是非常重要的，它是一个企业生存、发展的原动力，同时是企业保持核心竞争力的重要影响因素。而人力资源开发与管理的效率如何与人力资源政策的制定与实施有着非常密切的关系。科学的人力资源政策能够保证企业所有成员具有一定水平的胜任能力和职业道德素养，是内部控制有效的关键因素之一 (徐艳，2011)。好的人力资源政策可以促成高效的内部控制环境，进而为内部控制发挥作用奠定良好的基础。为了保证企业的内部控制能够有效执行，先进的人力资源政策是必不可少的 (何静娴，2013)。如果人力资源政策混乱，员工不但无所适从，而且不合理的政策将会导致员工大量流失，更严重的情况可能会影响企业的名声。

自 80 年代中期开始，中国经济迅速发展，大型企业慢慢出现，“人力资源管理”的基本理念引入中国，国内企业开始尝试现代化及科学化的管理。近 30 年来，国内的人力资源管理已经有明显转变 (赵曙明 , 2009)。然而，我国目前正处于转型经济的关键时期，如何调整企业人力资源管理来应对社会环境，是我国当前企业面临的严峻挑战之一 (赵曙明 , 2009)。值得关注的是，国内对航空业的服务需求上升，但是人才流失量大，而且政府政策的负面干预，聘请新员工非常困难，这样导致一线员工的人才供应长期处于不足的状态。因此，留住人才成为企业人力资源管理必须面对的一个重要难题。但是，目前的研究较少全面探讨组织支持感与员工忠诚度的关系。此外，考虑到内地航空业人才流失问题严重，因此本文使用现有组织支持感的理论，根据目前我国航空业面临的问题，在已有的研究基础上，明确人力资源管理的角色，从而找出航空业留住人才的方法。

学者经过多年讨论后发现组织对员工的支持度对员工的行为有很大影响。组织支持感 (Perceived organizational support， POS) 因此在最近的文献中获得极大的关注。它是员工的一种信念，描述的是员工认为组织如何看待他们的贡献和利益。Eisenberger, Huntington, Hutchison and Sowa (1986) 将组织支持感定义为组织重视员工贡献和关心他们福祉的程度，其中包括了金钱及非金钱的关怀。而 Malatesta and Tetrick (1996) 认为一个会提供支持的组织会对其员工负责任，不会制定损害员工利益的政策。组织支持感与许多预期的结果有关，而其中最为广泛的就是员工离职的意愿及员工的忠诚度。组织支持感越高，员工的离职率越低，其忠诚度越高。

组织支持感是基于组织支持理论而提出的，这个理论牵涉组织对满意员工的社会情绪需求的倾向性 (Eisenberger, Huntington, Hutchison & Sowa, 1986)。决策的参与度，奖励的公平性 (Allen, Shore & Griffeth , 2003)，对工作经验和职位提升的发展影响 (Wayne Shore & Liden, 1997)，自主性 (Eisenberger, Rhoades & Cameron, 1999)，以及工作的安全感 (Rhoades and Eisenerger, 2002) 这些方面，也曾经被验证与组织支持感有关。组织支持感与员工的行为相辅相成，它确保员工因为履行他们的工作和处理一些突发的事情，从而获得组织在背后的支持 (George, Reed, Ballard, Colin & Fielding, 1993)。组织支持理论还认为，员工感受组织支持感后，会调动起互惠的行为规范，评估和尊重他们的组织，并因此为组织的目标作出贡献。此外，员工由于组织支持感而产生的积极情感，将满意社会的情绪需求，以及使员工受到组织的欢迎。

社会交换理论也有助于我们了解组织支持感。这一理论认为，员工在评估工作报酬的价值时，觉得组织基于酌情决定的奖励，价值高于受外部因素而提供的奖励，如工会或涉及健康和安全的法规。直接来自组织的自愿的回报，被认为是该组织重视员工的福祉的象征。正如 Rhoades and Eisenerger (2002) 提到的，如果被视为纯粹出于组织的自愿行为，这种自愿的工作奖励，例如工作丰富化，职位晋升和补偿，将更有助于提升组织支持感。根据组织支持理论，基于两个原因，高的组织支持感趋向于改善工作态度和形成有效的工作行为。首先，这些有益的影响是社会交换过程的结果。Eisenberger, Cummings, Armeli & Lynch (1997) 表明，员工通过检查哪些酌情行为被酌情执行，或者相反 (哪些未被执行)，然后推断他们是否被组织支持。然后，他们将尝试报答这笔优厚的待遇。这样，员工会更加投入，更加努力工作 (Eisenberger et al., 1986)。此外，如果得到组织充分的培训、资源和管理层的支持，成员更有可能希望他们的组织成功，而且更有意愿和能力帮助他们的组织成功。由此看来，组织感到支持的程度，很可能与组织公民行为 (Organizational Citizenship Behavior，简称 OCB) 的程度有正相关的关系 (Wayne, Shore, Bommer & Tetrick, 2002)。因此，我们假设员工感受到来自组织的支持的程度，会影响这种组织公民行为。

Shah and Pathan (2009) 探讨了以激励政策诱使员工对数据进行保密及对他们的生产力的改变。结果发现，激励程度与生产力正相关，当公司的激励越多，员工的生产力越高。Green, Chivers and Mynott (2000) 的研究以硕士学生作研究对象，探讨公司激励与员工工作表现的关系。结果发现，公司的激励与员工工作表现正相关。公司的激励越多，员工会更愿意进行沟通、员工之间也有更好的关系。研究也同时发现，让员工参与决策、奖励及给予员工培训能让他们工作表现更好。

虽然大部分学者认为两者之间有关系，但是有学者曾经对组织支持感与工作表现进行研究，结果发现两者之间没有关系。与此同时，Byrne & Hochwarter (2008) 的研究发现组织支持感与工作表现之间只是有着轻微的关系。而中国人的集体思想使得工作场所中得到的支持及其表现联系。Farh, Earley & Lin (1997) 认为集体文化会让人们互相帮助，因为这样可以使得整体得到更好的结果。因此，中国人社会中企业感知会正面影响员工的工作态度。他们会因为企业对他们有情有义而用良好的工作表现来报答企业。

总之，组织支持感可以理解为员工对组织公平性的感知、组织的直接支持（管理层支持感及上司支持感）以及组织的间接支持（服务支持感）。本研究将组织支持感细分为三个变量，分别为管理层支持感、上司支持感及服务支持感，并探讨它们与员工正面情绪之间的关系。同时，本研究也会研究员工正面情绪对其忠诚度的影响以及组织公平性对员工正面情绪与员工忠诚度关系的影响。

Eisenberger, Huntington, Hutchison and Sowa (1986) 认为，基于互惠的概念，组织支持感可以部分解释员工与雇主交流关系的差异。当员工感知到组织对他们提供的支持，他们会对自身所属的组织或雇主表现出更多的善意，通常以付出更大的努力和勤奋工作来表示。同样地，当企业奖励员工提供良好的薪酬和广泛的培训和发展计划，员工通常会以较强的工作动力及高度的承诺作出回报 (Masterson, Lewis, Goldman & Taylor, 2000)。一个组织的绩效奖励制度及内部的培训与发展制度能有效地增加员工对组织支持感的认知。

学者认为，内部的“营销活动，其中包括奖励制度以及培训和发展计划可以增强员工对组织支持强度的认知。感知这些“决定性因素”的培训和发展计划，对员工来说一般是不太重要的 (Whitener, 2001)。就医疗行业来说，一般的培训是专业化的，他们对培训与发展的需求并不强烈。因为培训对他们的个人职业生涯的影响较弱。对于员工而言，他们的组织或雇主或会以薪金和晋升制度这些手段增加识别员工高质量的工作。正是通过这些系统或活动，组织能感知到员工对组织的贡献及其目标 (Johlke, Stamper & Shoemaker, 2001)。

（二）管理层支持感的相关研究

1. 管理层支持感的界定

管理层是组织中的参照组，他们有权力设置薪酬和各式各样的政策 (Chockalingam, Deshpande & Jacob, 1998)。因此，管理层通过制定不同政策，让员工获得更好的报酬及工作时更方便。管理层支持感并没有一个统一的定义。在本研究中，管理层支持感指的是员工对管理层所给予的支持的感受。管理层可以通过流程整合及直接支持员工去表达其支持。

笔者将流程整合定义为以企业的战略使命和目标调整企业的内部流程。企业为了做到在合作的态度下相互配合，以及拥有良好的沟通流程，而在经营和组织生产上安排的多种多样的进程 (Roberts & Smith, 2000; Stevens, 1990)。Shapiro, Rangan and Sviokla (1992) 发现，整合跨部门的流程可以产生更好的公司产出。研究人员观察到，在各种流程被管理成为一个整体系统的公司中，这种积极的成果，可以缩短周期，提升填充率，并能使客户更满意。这种积极的成果，与那些让每个部门相对独立工作的公司相比，形成了鲜明的对比。由于流程整合可以通过支持手段提升员工的满意度和有效性，从而影响客户满意度。其中一种方法是通过流程整合，管理层提供内部支持来影响客户的满意度。

Eddleston, Kidder and Litzhy (2002) 表明，在帮助员工解决与来自组织及客户的期望间的冲突的时候，管理层起到非常关键的作用。因为相关员工很可能与客户形成一种交换关系，以及与管理层形成独立的交换关系。这可能会导致相关员工在两者之间挣扎，因为管理规则和程序的制约而无法达到客户的期望。Eddleston et al. (2002) 进一步指出，这种左右为难的情况可能会出现，管理层可以通过找出组织中可能冒犯客户的规则和程序，并通过评估这些规则和程序是否恰当的方式，为员工提供支持。这种情况的一个例子是，当客户对服务的期望与组织按付款而确定服务的政策之间出现冲突时，如果计费功能和操作功能之间分隔开来，相关员工提供优良客户服务的机会将受到影响。明确规则或建立预防机制，从而减少那些在组织政策之下为了满足客户需求而将员工置身逆境的次数。

至于直接支持方面，社会交换 (Social Exchange) 概念联系了管理层的行动与员工的行动 (Metlen, Eveleth & Bailey, 2005)。员工与他或她的经理建立心理契约 (Eddleston et al., 2002)。管理层是否履行其职责会对员工的态度及行为有很大的影响。例如：员工审视管理层有多大程度完成了其心理契约及管理层是否有聆听他们的声音，将会很大程度上影响员工是否愿意履行组织公民行为。组织公民行为 (即超出期望的行动) 对员工绩效有直接的影响。因此，管理层的行动是决定员工对管理层履行其义务及为该经理工作感觉的重要因素，这会直接影响员工的工作满意度及表现。

2. 管理层支持感的相关研究假设

有关管理层支持感研究的文章并不多，一般的研究都会将管理层支持归纳到组织支持感里。现有的研究中曾研究管理层支持的道德行为对员工满意度的影响。根据 Dozier and Miceli (1985) 的研究，企业内部道德标准，同样，管理层也会有自己支持的道德行为，这两者的差异会造成道德冲突。而冲突将会导致员工认知失调 (Festinger, 1942)。员工会因为不知遵从哪一个道德标准而感到混乱。这种不和谐，进而影响到个人的工作满意度。因此，该研究得出的结论是管理层支持道德行为与员工的满意度正相关。当管理层越支持从道德行事，员工的工作满意度越高。

根据 Metlen, Eveleth and Bailey (2005)，管理层的支持会为员工的满意度及员工行为带来正面的影响。这与社会交换理论对员工与经理关系的论述一致。当员工感到得到管理层的强烈支持，他们会因此而对自己的工作感到满意，同时也会做出一些超出工作需要范围而有利公司的行动。此外，Swink (2000) 的研究发现了管理层支持产品开发部门创新，可以使得员工的创新性上升。因为工作变得有更大自由度及方便，因此能使员工对工作感到满意。而根据 Heskett, Sasser and Schlesinger (1997) 所提出的服务利润链模型 (Service Profit Chain model)，管理层支持与员工工作满意度、员工工作效率及顾客的满意度非直接正相关。Metlen et al. (2005) 根据服务利润链模型作假设，并验证了管理层支持与员工满意感正相关。这些研究结果为管理层支持及员工工作满意度提供了一个很有力的支持。员工工作满意度是员工正面情绪的一部分。员工正面情绪还包含人际关系、工作环境等。如果仅仅研究员工工作满意度，范围将会变得很小，因此本研究假设管理层支持与员工正面情绪正相关。

3. 管理层支持感的测量

Deming (1993) 提出了当管理层听从员工的声音并与他们通力合作时，企业会有更好的表现。此外，Pugh, Dietz, Wiley and Brooks (2002) 发现与员工接触并听取他们的意见是非常重要的改革过程。Bhattacharya, Devinney and Pillutla (2002) 根据上述的观点制定了一个变量，包含六个项目。该六个项目包括了员工信任管理层会提供支持、管理层有多大程度听取员工的意见以及员工对管理层的参与有多大程度的满意。本研究根据 Eisenberger et al.(1986) 的问卷加以改良，将公司一词转换为管理层，并以它为量表，部分问题如下：

管理层重视我作出的贡献。

管理层不会欣赏我任何额外的努力。

管理层忽略我任何的投诉。

（三）上司支持感的文献回顾

1. 上司支持感的界定

在日常管理实践中，组织的规范、政策等一般都是通过员工的直接上司(supervisor) 表现出来，组织的惯例、传统和规则的延续也都与上司有关。上司能依照自己的意愿执行管理层下达的命令及政策。而在日常的管理上，上司也有着一定的决策权，例如休假的安排等。对于员工而言，上司在很大程度上就是组织的象征、组织的代理人。Kottke and Sharafinsk（1988）延续了 Eisenberger et al. (1986) 自上而下承诺的思想，认为相同的概念应用在上司和下属之间也是如此：下属和上司的承诺是双向的，除了下属对上司的忠诚，也包含上司对下属承诺的交换关系。他们将这种承诺称为上司支持感（perceived supervisor support），它代表着下属对上司重视其贡献、关心其福祉的程度的总体看法。Eisenberger, Stinglhamber, Vandenberge, Sucharski and Rhoades（2002）将上司支持感定义为“员工在什么程度认为他们的上司关心他们的福祉、重视他们的贡献、并普遍支持他们”。上司给予下属支持是有效管理下属情绪的方法。而管理下属情绪是管理员工组织承诺的一个重要部分。而根据 Shanock and Eisenberger（2006），上司支持感的概念衍生自组织支持感的研究，是指下属对上司重视其贡献、关心其福祉程度的总体看法。在组织中，对员工而言，上司在很大程度上就是组织的象征、组织的代理人，因此员工首先知觉到上司如何对待自己，经由归纳和总结，进而对上司或组织的态度做出评价和判断。在本研究中，上司支持感将解释为员工对上司的支持感受，主要表现为上司在日常工作中对一线员工的支持。

2. 上司支持感的相关研究及研究假设

李锐和凌文辁 (2010) 研究了上司支持感对员工沉默行为及工作态度的影响。调查对象为珠三角地区企业的员工。调查对象所在的企业涉及通信、信息技术、电子科技、制药与医疗器械、能源化工等领域。这些员工均正式就职于该地区的企业组织，且目前有一位直接上司。总计发出600份问卷，回收有效问卷485份问卷，问卷回收率为80.8%。研究发现，上司支持感对员工的组织承诺和工作投入均具有显著的正向影响，对沉默行为具有显著的负向影响。

上司支持感的强或弱会对员工造成不同的影响。例如：Kalliiath and Beck（2001）的研究指出强的上司支持感会减少职业倦怠及离职意愿。而在 Munn, Barber and Fritz（1996）的研究发现，上司支持感是用以预测员工工作满意度及离职意向的最好项目。Hatton and Emerson（1998）的研究得到的结果是弱的上司支持感会增加员工离职机会。Hutchison（1997）的研究则指出上司关心及支持与情感承诺(affective commitment）呈现正向关系。因为上司作为一家企业的代理人，他们需要直接负责指导、评估及支持他们的下属。上司在很大程度上成了组织的象征、组织的延续（Eisenberger et al., 1986）。直属上司是企业与员工之间的桥梁，而他们也有能力直接向自己的下属下达公司的命令。

有部分学者认为上司支持感是组织支持感的前提或结果。Eisenberger et al. (2002) 的研究提出了证据，证明上司支持感与组织支持感是有因果关系的，上司支持感越高，组织支持感就会越高。但是 Yoon and Thye（2000）却发现这两个变量的因果关系应该是相反的，即当组织支持感增加，员工的上司支持感会同时增加。李宗波和王明辉（2012）也曾经从事有关上司支持感的研究。该研究验证了上司支持、员工的不安全感与绩效的关系。结果发现上司支持与员工的工作满意度存在显著的正向关系，并且高水平的上司支持也能够缓冲高压力性工作对工作满意度的不利影响。因此，上司支持度越强，员工的工作满意度也会提升。即上司支持感能增加员工的正面情绪。

3. 上司支持感的测量

以往学者在进行上司支持感相关研究时，基本都是从 Eisenberger et al.（1986）编制的三十六题组织支持感量表（SPOS）中选取部分项目，将其中的“组织”一词替换为“上司”，用作测量员工的上司支持感。例如：Dawley, Andrews, and Bucklew（2008）的研究中，他们以 Eisenberger et al.（2002）的维度作基础制定了一个拥有三个项目的量表，其中的问题包括：“我的上司重视我的福祉。”而 Dawley, Houghton and Bucklew（2010）也制定了一个拥有三个项目的维度，其中的问题包括了“我的上司重视我的福祉”、“我喜欢与我的上司一同工作”。这个量表的可靠性（reliability）为0.94。Farh, Hackett, Liang (2007) 的研究中所使用的维度包含了八个项目。而李锐和凌文辁（2010）的研究中则从 Farh, Hackett, Liang（2007）的量表中选取了其中六个因素负荷最高的项目，将“组织”替换为“上司”，用于测量上司支持感。Lambert（2000）也制定了一个含有八个项目的问卷。本研究将会根据他的量表，用以量度员工的上司支持感，其中部分的问题包括“上司关心我。”“当我有紧急的个人事故，上司会帮助我。”“上司觉得我们每一个人都很重要。”

（四）服务支持感的文献回顾

1. 服务支持感的界定

服务支持感是一个比较新的概念，只有少数学者对服务支持进行研究。因为西方学说强调个人主义，所以他们进行研究时经常会集中在个人的表现上，而忽略了周边同事的影响力。一般而言，学者都会将服务感知定义为员工对自己的服务评价。例如 Gronroos（1984）将服务感知定义为员工对自己给予顾客服务质量的个人评价。Dabholkar, Sheperd and Thorpe（2000）曾经对员工自身服务质量感知进行研究。他们将它定义为员工对自身对客户服务的优劣，是否能提供适当的服务水平的评价。由此可见，现有的学者主要探讨的都是有关员工对自身给予的服务质量的评价，而没有研究同事支持的评价。服务业成了市场的主导行业。支持人员的配套会影响顾客对服务质量的感受。因此，服务行业的同事支持是否足够是有必要研究的。本文中的服务支持感是指员工对支持人员的支持及他们的服务质量的感知。在本研究中，服务支持感是其他部门及员工的支持及他们的工作质量，例如客户服务热线、负责网上订票服务的员工等。服务支持包含服务质量感知，是因为良好的服务会为员工带来工作上的便利，顾客会因为支持同事的优良服务带来良好的心情，避免了很多无谓的争吵及投诉。因此，服务质量感知也应当包括在服务支持中。

2. 服务支持感的相关研究及研究假设

有关服务质量的文献已经证明了员工的满意度和服务感知之间的联系。Schlesinger and Zornitsky（1991）发现员工工作满意度与其服务感知及顾客满意度正相关。而 Schneider and Bowen（1993）则证明了员工工作满意度会影响其服务质量感知。Bitner（1992）的研究指出员工的情绪会影响他们与顾客之间的互动。此外，根据 Schlesinger and Heskett（1991）的研究，员工满意度与顾客服务满意度有联系。若员工对其他支持者的服务感知高的话，他们会相信工作能较顺利完成，因此本研究提出的服务支持感与员工的工作满意度正相关。

同时，很多研究指出，角色压力（包括："角色冲突"、"角色混乱"及"角色过载"）会负面影响员工的工作满意度。Brown and Peterson（1993）的研究指出，角色冲突及角色混乱严重影响员工工作满意度。而 Lysonski（1985）的研究也得出同样的结果。很少学者研究角色过载对员工工作满意度的影响。Terje（2008）是少数研究的学者之一，他的研究验证了角色冲突、角色混乱及角色过载三种角色压力与员工工作满意感负相关。如果能够降低员工的角色压力，他们的工作满意感便会相应提升。简而言之，员工如果得到同事的支持和协助，他们便能同时处理多项自已也不熟悉的事务，这样能减少顾客出现不满的情况，保证顾客有一个好心情，进而提高员工的正面情绪。所以员工的服务支持感越高，他们的角色压力会越少，结果会使得他们的工作满意度提升。

之前曾经有研究发现顾客的情绪与其行为有着一定的关联性。如果顾客心情愉悦，他们会倾向看见事情的正面，也会较愿意再到店铺光顾（Donovan and Rossiter, 1982）。换句话来说，顾客如果能在服务员身上感受到正面情绪，他们会希望下次再来享受曾经得到的正面体验（Tsai and Huang, 2002）。除此之外，Nyer（1997）的研究指出顾客如果得到良好的服务，他们的好心情将会驱使他们对企业有正面的评价。因此我们可以假定顾客的正面情绪能驱使他们有正面的行为。顾客的感受越正面，他们的行为也会变得更正面。

在客户与销售人员的互动过程中，客户会产生不同的情绪。客户的情绪反应和行为会受到他们在购买过程中与一个特定的销售人员的互动经验所影响。这种感情基础的觉醒机制被称为评估过程。客户在评估他们与销售人员的互动时可能有正面或负面情绪。而评价理论的核心假设是，情绪反应是评价过程中的一部

分 (Forgas, 2000; Ruth, Brunei & Otnes, 2002; Smith and Kirby, 2000)。对事情的评价和重要性的感知决定了情感是否会被唤起 (Lazarus，1991; Ortony, Clore & Collins, 1988)。

在客户与销售人员互动时，客户可能会评估销售人员的整体服务，行为(动作)和特性，然后将观察到的东西与自己的标准相比，从而作出评估。评估过后可能会导致顾客的情感反应。顾客的情感反应，反过来，将会影响顾客对和销售人员关系的满意度。一旦情绪被引发，它可以影响顾客判断。研究结果表明，顾客在感到正面时较有可能对评估目标有着较正面的评价。相反地，如果顾客怀有负面情绪，他们很有可能会对评估目标作出较差的评价（Clore, Schwarz & Conway, 1994）。因此，情感对客户和销售人员之间的人际关系是会产生一定的影响。

曾经有学者从事过有关情绪感染的研究，结果发现人们若表达出正面或负面的情绪，观察者的情绪将会受到影响。McHugo, Lanzetta, Sullivan, Masters, and Englis(1985) 的研究发现，如果让人们看着一张微笑或皱眉的人物画像，人们的情感将会根据看到的面部表情产生一致的变化。如果看到微笑的脸，人们的情绪便会变得正面，相反则会引起负面情感。Hatfield, Cacioppo abd Rapson（1994）将这个过程称为原始的情绪感染（primitive emotional contagion）。Hatfiled et al. 将其演绎为"人们倾向自动模仿另一人的面部表情、发声、姿势和动作，以汇聚情感"。当感受着服务人员的情感表现时，人们会很容易相应改变自己的情感状态。简而言之，人们将会根据服务人员的情感而有着相应的变化。情绪感染是发生在自觉意识之外的，在服务员与顾客的交互过程中，顾客可能不自觉地模仿了员工的表现，同时影响着他 / 她的情感状态。服务员的正面情绪与顾客的正面情绪正相关。

Smith and Bolton（2002）的研究测试了顾客对两个不同的服务的设定，分别是餐厅及酒店，出错时的情绪反应。研究是让顾客幻想一下自己回到一家之前曾经光顾的餐厅或酒店。试验结果显示顾客对餐厅或酒店出错时都有着类似的反应。但是在餐厅出错时没有发现会影响到顾客的情绪，但是在酒店犯错的时候就大大牵动了顾客的神经。由此可见，顾客对一些付款较多的服务会有着更高的要求。如果不能满足其要求，顾客便会因此而出现情绪波动。航空业也是顾客花了很多金钱，希望能得到良好服务不得出现任何差池的行业之一。

根据 Hochschild（1983）的看法，展现正面情绪可以视作银行分行服务必须出现的部分。无论有什么事情，分行的柜员必须在交易过程中对顾客展示正面情绪，因为这是服务评核的其中一个部分。Parasuraman, Zeithaml and Berry（1988）则认为柜员展现正面情绪可以让人们有效地预测到他 / 她的服务质量，例如那位员工的同理心及对事情的把握。航空业同为服务行业，一线人员大部分都需要与客人进行交流。如果一线员工能对顾客展示出正面情绪及优良服务，客人便会因此而变得正面，从而免却大多数的麻烦和问题。员工就不会因为顾客的不满而受到责骂，从而能怀着正面的情绪。服务支持感能减少员工的角色冲突及增加顾客的满意度，避免顾客与员工之间不必要的争吵。

3. 服务支持感的测量

由于服务支持感是一个比较新的概念，因此在现有的研究中学者们均没有制定一个广泛接受的量表，没有一个专属的量表。根据我们在本研究的定义，服务支持感所指的是员工对其支持者的服务感知，即负责其他支持环节的员工给予顾客的感觉。因此，本研究将会对 Dabholkar, Sheperd and Thorpe (2000) 的员工自身服务质量感知量表作出修改。该量表中总共有四个问题，答案由 1—非常不同意到 7—非常同意。其中的问题是关于员工对自身服务水平的评价，问题包括：

“一般而言，我觉得自己提供了很好的服务。”“一般而言，我相信自己给予顾客很高质量的服务。”“一般而言，我的顾客服务有着高标准。”“一般而言，我在各方面提供优质的服务。”

正如上述所言，这个变量中所量度的是支持同事的表现，因此本研究会将上述问题的“我”改为“支持同事”。此外，本研究也会加入“一般而言，我感到很多的服务支持”。这一题问题到量表中，以符合本研究对服务支持感的定义。总的来说，这个变量将会利用上述五个问题作测量工具。

（五）员工正面情绪

1. 员工正面情绪的界定

情绪是多元化的，其中包括正在经历不同的情绪状态与每个生成的觉醒的特定模式（James, 1890）。最近的研究对此想法有着一定的疑问。Schachter and

Singer（1962）把情绪作为一般情况的觉醒并通过认知评价过程解释。同样地，Bagozzi et al.（1999）将情绪定义为“源于认知评估事件或想法得出的心理状态；有着现象学语调；伴有生理过程；通常透过肢体表达出来；及因为事件的性质及个人的性格引起的特定行动来确认及应付情绪”。情绪被看作为故意的及基于特定的对象或对照物（Clore et al, 2001; Frijda, 1993）。因此，情绪不单是人们表达的反应的评估，而且还包括人们倾向采取的行动 (Frijda, 1986; Izard, 1991)。

当与情绪相比时，心情通常都被视为较分散及较不经意出现的 (Clore et al, 2001; Frijda, 1993)。Gilligan and Bower (1984) 认为心情会因为不自觉的意识和无原因地引发出来。它并不像情绪般有着产生的行为动机及行动导向。换句话说，心情是一种忽然出现的情感，它并非由任何事情或对象引发出来。

而情绪与态度之间的分别就没有那么清晰了。根据 Krampf et al (2003) 的观察，情绪与态度经常利用相似的维度进行量度。此外，现有文献对态度有着林林总总的定义，这使它与情绪比较变得更为复杂。Cohen and Areni (1991) 将态度定义为评价判断。而 Batra and Ahtola (1990) 则相信态度由认知成分及情感成分这两个部分所组成。Bagozzi et al. (1999) 以唤醒是否存在来区分态度及情绪。他们认为唤醒是在情绪中必定出现的东西，但是在态度中并不会出现。此外，他们还认为情绪较态度强烈及与最终导致的行为有着直接的联系。

很多有关人力资源的研究中，员工满意度 (employees satisfaction) 都被选为其中的变量之一。很多研究都证明员工对工作是否满意会对工作表现、离职意愿等影响企业长远发展的因素有着一定的关系。员工的满意度越高，他们的工作表现会越好，同时他们的离职意愿也会越低。正面情绪可以理解为员工的心理状况是否正面。员工的情绪是否正面对员工的工作表现、工作效率等都有着非常重大的影响。充满正能量的员工会有更大动力为公司争取最大利益，同时也会提供优质的服务。本研究将会选取这一个变量，尝试了解它与员工忠诚度之间关系。

2. 员工正面情绪的相关研究及研究假设

Seligman (1990) 认为正向心理学的研究范畴包括：正向经验；正向特质及正向组织。

（1）正向经验 (the positive experience)

正向经验包括个人的思维与情绪，王沂钊 (2005) 依时间性来划分，对过去事件有好感而产生的正向情绪为“满意”、“满足”、“幸福”；因现在的经验或事件而引发的正向情绪为“快乐”、“忘我”、“流畅” 与 “快感”；对于未来期待而产生的正向情绪是“乐观”、“希望”。

（2）正向特质 (the positive quality)

特质指个体比较持久的行为型态，虽然有遗传性，但也会受到后天学习而习得。正向心理学所谈的特质，就是经由 “后天学习” 和 “少数遗传因素” 所产生的美德和长处，包括如利他行为、自我决定、良好人际关系、创造力、勇气、坚毅、宽恕等。

（3）正向组织 (the positive institution)

组织会影响人行为、个性发展，而促使人正向发展的家庭、学校、小区、工作环境与社会文化条件等，都是正向心理学所希望探讨的范围，包括：社会关系、文化规范、家庭影响潜能的发展等。情感 (affect)、情绪 (emotions) 和心情 (mood) 这三个概念是互有关联的，它们的构成是完全不同的，但是它们却经常被人们所混淆。因此，在这里首先必须澄清这些概念。情感是一个广义用词，它可以广泛描述一系列的感觉 (Clore et al., 2001; Cohen and Areni, 1991)。Bagozzi et al. (1999) 将情感理解为心理感受过程其中的一个大类，而不是一个特定的心理历程。更具体的心理过程，如情绪、心情和态度均被视为情感其中的一些层面。因此，我们可以得知情绪、心情及态度与情感是有着关联的，但情感所包含的部分较多。

近年，各式各样的研究使得人们了解到情绪对人类行为的作用。越来越多行业及机构投放大量资源到有关研究工作环境与情绪之间联系的的计划之中 (Lord and Kafer, 2002)。但是学者对情绪的定义有着一定的差异。Izard (1993) 认为给情绪这个概念下一个定义是非常困难的。然而，他强调情绪可以透过不同的方法表达出来的，包括精神上、行动上、甚至感觉上。他提出了一个多系统的情绪模型，并认为情绪的出现必须要通过神经系统、鼓励、对事情的察觉及精神系统。因此，情绪不一定单纯是由信息认知过程所引起的。Frijda (1993) 曾经比较过情绪与心情这两个概念。他认为情绪是受到特定的刺激才会出现的，例如一些事情或对象，反观心情则不是由特定的物件引起的。Myers (2006) 则将情绪定义为生理觉醒，表现出来的行为和意识上的反应组合。

在20世纪80年代至90年代期间，情绪在工作场所中的角色一直没有得到人们的重视。Weiss (2002) 用“重生”这个词语来形容学者对情绪及心情在工作场所的兴趣，而不是不停重复验证工作满意度的影响。有关情绪与工作环境有关的研究，1930年已经有学者编写有关的著作，并大量讨论一些新的观点，像情绪失调 (Fisher and Hanna, 1931) 以及一些创新的调查方法，例如要求受访者撰写日记同时利用心理学的量表收集数据，研究情绪与工作表现之间的关系 (Hersey, 1932)。1930年之后，工作场所与情绪相关的研究焦点越趋集中，大部分学者只是留意工作满意度这个概念 (Weiss, 2002)。或许是因为服务行业的兴起，员工由于工作需要必须要与客人进行接触，员工的情绪会直接影响到他们的表现，从而影响到企业的利润。Weiss 与其他学者进行了多个有关情绪、态度及心情的研究，为这个研究范畴带来了一些新的冲击，使得学者对这个范畴重新燃起兴趣 (Brief and Weiss, 2002; Weiss, 2002; Weiss and Cropanzano, 1996)。

有关正面情绪与员工行为之间的关系。当人们评估自己在事情上的个人意义时，情绪便会产生。正面情绪有很多种，但其中最普遍的是满意、兴趣及快乐 (Frefrickson,2005)。Fredickson and Cohn (2008) 将正面情绪与其他正面情感状态，例如观感上的欢愉及好心情等区分开来。观感上的欢愉有很多不同的例子，其中包括在肚子饿时吃饱及性欲上的满意等。在生理层面上，正面情绪和其他正面情感状态也是让人感到喜悦的，正面情绪需要一些刺激才会出现。同时它不需要身体上的刺激也会出现。例如听到好消息时，喜悦将会出现。正面情绪与好心情之间是非常相似的。根据 Frijda (1993) 的见解，正面情绪是短暂的，包含个人对事物的评估。而好心情是没有特定对象的，会维持一个较长的时间。Fredrickson and Cohn (2008) 进行了一项研究，他们在现实情况下尝试测试怎样才可以引起正面情绪及好心情。研究发现给予人们礼物或者观看戏剧都可以让人们有正面情绪及好心情。因此，将这两个概念区分只是在理论层面上有效，在真实的情况基本上是不可能区分出来的。

一般来说，各种正面情绪都有一个共通点，就是它们都会促进一些倾向。即使人们有一个持续的行动。所以人们有正面情绪的时候，会较愿意融入环境，并会在现有的情况下继续工作。Fredrickson (2001) 提出了正面情绪不单止增加人们持续行动的倾向，同时正面情绪会增加人们瞬间的思想行动。人们会因为正面情绪而变得对事物有着新鲜的想法及行动。

Fredrickso, Cohn, Coffey, Pek and Finkel (2008) 曾经进行了一项研究，访问从事软件及信息科技行业的员工，为员工正面情绪与员工工作行为之间的关系提出了一定的支持。在研究中，受访者分成两组进行实验。他们在实验中需要参加一个有关调解的课程。在课程中，受访者需要学习一些调解技巧用以提升其正面情绪。当课程进行了一个星期之后，受访者需要到网上填写一份问卷，其中的问题包括他们对生活的满意度及消极症状等。他们同时需要每日到网上填写有关他们的正面情绪及学习调解技巧、祈祷、个人精神活动的时数，历时九个星期。经过九个星期，他们再一次填写之前的问卷。结果发现，人们花在学习调解技巧、祈祷及个人精神活动的时数越多，人们的正面情绪就会越强。因此，人们的精神及思考的改变会对情绪带来一定的影响。此外，研究结果也发现正面情绪能增加生活的满意度，同时减少日常的消极状态，为人们提供一个健康的思想。

Lord and Kanfer (2002) 认为情绪是人类对身边各种刺激的反应。他综合了数项研究的结果，并提出了情绪可以直接影响或间接影响人们在工作场所中的行为。而 Scherer (1994) 则认为情绪是个人行为与环境互动中的接口。简单来说，环境会影响人们的情绪，而情绪则会影响个人的行为。他认为情绪将会影响人们的行动时滞。当人们的情绪越强，他所表达出来的反应会越快。例如：一个人的正面情绪越强烈，他 / 她所做出的正面行动会越快。最近，很多研究都相信情绪及心情与很多工作行为有着联系，例如 George and Brief (1992) 的研究发现情绪与组织公民行为正相关、Robbins and DeNisi (1998) 的研究则发现情绪和离职行为负相关。这些研究支持情绪对人们在工作环境的影响。因此，有关员工情绪的研究越来越重要。因为员工工作满意度只是员工正面情绪的一个小部分，而且已经有很多学者对员工工作满意度及员工忠诚度进行了研究，因此本研究会利用员工正面情绪这个变量取代员工工作满意度。

3. 员工正面情绪的测量

员工正面情绪多应用于心理学的范畴，大多数的研究都不是调查变量之间的关系，而是人们心理上的变化。因此，很多量度员工正面情绪的工具均不是以量表形式去表达。若以非量表形式的工具去量度员工的正面情绪，基本上是不能做出回归及相关性分析等有意义的验证。现有的文献中，量度员工正面情绪的维度并不多，本研究将会使用 Siu, Chow, Phillips and Lin (2006) 制定的量表作为工具。该量表总共有五个问题，答案由 1—从不到 5—非常频密。问卷的设计主要是对员工过去三个月内的正面感觉，包括快乐感受、对事情的兴趣等作出测量。这个维度使用三个月作为量度界线主要因为人们对情感的记忆并不长久，情绪将会受各种影响而有所改变。Frijda (1993) 认为正面情绪包含个人对一样事物的评价，当事物改变，正面情绪也会相继改变。因此，正面情绪是短暂的、极容易消逝的。如果问卷问及受访者半年前甚至一年前的情绪，他们基本上很难准确回答。他们会将近期的情绪不自觉地放大。而维度中的五个问题已经能全面测量到受访者的正面情绪。因此，本研究会遵从 Siu, Chow, Phillips and Lin (2006) 的维度设定，而不作出任何修改。其中的问题包括：

"在过去 3 个月内，我感到快乐。""在过去 3 个月内，我感到精力充沛。""在过去 3 个月内，我感到对每事也感到兴趣。""在过去 3 个月内，我感到对某些事感到开心。""在过去 3 个月内，我感到兴高采烈。"

（六）员工忠诚度的文献回顾

1. 员工忠诚度概念的界定

企业员工的忠诚度是指员工对于企业所表现出来的行为指向和心理归属，即员工对所服务的企业尽心竭力的奉献程度。李晓东 (2011) 将员工忠诚度定义为"员工对单位的忠诚程度，体现在员工与单位目标的协调性、价值观的兼容性以及员工对单位内在环境适应性、贡献性和创新性等方面"。当员工加入一个机构，他便会被认定希望在该机构成长。但时代改变，员工对企业忠诚并不是理所当然的。员工忠诚度是双向的，企业为员工提供定期的薪金提升、工作肯定及其他有形或无形的利益。当员工得益之后，他们才会尽心工作，继而会更加希望在该企业发展，变得更加忠诚 (McGuinness, 1998)。

根据陈萍和田双亮 (2002) 的研究，员工忠诚可分为两种，分别为主动忠诚和被动忠诚。前者是指员工主观上具有忠诚于企业的愿望，这种愿望往往是由于组织与员工目标的高度一致，组织帮助员工自我发展和自我实现等因素促成。而被动忠诚，则是指员工不愿意长期留在组织里，只是由于一些约束因素，如高工资、高福利、交通条件等，而不得不留在组织里，一旦这些条件消失，员工就可能不再对组织忠诚了。Allen and Meyer (1990) 区分了三种不同的态度忠诚：分别为情感承诺 (affective commitment)、计虑承诺 (calculative commitment) 及规范承诺 (normative commitment)。因为概念的不同，所以它们对员工忠诚行为的影响会有所不同 (Meyer & Allen, 1991)。根据 Geyskens (1998)，我们相信区分不同种类的忠诚是非常重要的。情感承诺可以定义为员工因为享受与特定雇主的关系，而非因为得到物质上的奖励而继续维持关系 (Geyskens, Steenkamp, Scheer & Kumar, 1996)。而计虑承诺可理解为因为员工离开企业或转职会带来极大成本，所以继续与特定雇主维持关系 (Allen and Meyer, 1990)。最后，规范承诺则是因为道德的原因所以与特定雇主维持着关系。

而李杰 (2007) 将员工忠诚分为四种类型，分别为完全忠诚型、易受影响型、可保有型和高风险型。完全忠诚型员工对自己当前的工作状况满意，并且适合所属岗位，他们把个人追求与企业文化进行了很好的交融。易受影响型员工对现有的工作岗位感觉良好，他们对自己与企业的基本关系抱有积极的态度，但在加深、加强这种关系方面却有所留住。可保有型员工生产效率差强人意，在企业去留问题上采取实用主义态度，只要条件相当或大多数人的选择相同，就会表现出“随大流”的行为。高风险型员工随时会依据对就业市场和个人利益的考虑，按照自己的方式结束个人与现有组织的关系。

2. 员工忠诚度概念的研究

学术界对员工忠诚度的不同范畴进行了研究。Solomon (1992) 的研究审视了影响员工忠诚度及留职率的因素。结果发现若要提高员工忠诚度，有三项因素必须考虑，分别是让员工感到自己是企业的伙伴，为员工提供利益和关怀、提供专业及个人训练，让员工感到有发展机会。Morrall(1999) 的研究探讨了企业在精简架构时员工忠诚度的问题。研究指出员工与雇主之间的诚实沟通在公司转型期间是必要的，而且它可以维持员工忠诚度。Eskildsen and Nussler(2000) 则发现企业若制定系统的事业发展系统、奖励制度及较同行更高的工资可以让员工感到满意，继而提升他们的忠诚度。Roehling,Roehling and Moen(2001) 验证了儿童照顾政策、生活平衡政策及上司支持与员工忠诚度的关系。结果发现，所有因素都会增加员工忠诚度。Cunha(2002) 进行了一个案例研究，调查领导、文化与组织结构与员工忠诚度之间的关系。该研究以访问及问卷形式进行。研究总共访问了 70 位受访者，结果发现良好的领导、低调的组织文化、良好的组织结构会正面影响员工忠诚度。如果企业提供良好的工作环境、支持及晋升机会，员工便会对企业更加忠诚。Rahman, Zahari, Rahman and Khazainah(2011) 以马来西亚的酒店作研究，探讨员工满意度如何影响员工忠诚度。结果发现两者正相关，员工满意度越高，员工忠诚度也越高。

此外，有部分研究探讨了个人因素对忠诚度的影响。Ali, Azim, and Falcone (1993) 的研究则比较美国及加拿大两地员工的忠诚度。结果显示美国与加拿大的员工的忠诚度并没有分别，但在个人层面上却出现了差异。研究者指出有三个因素影响员工忠诚度，分别为行业、性别及成功。个人因素与员工忠诚度有着高度的相关性。Coughlan(2005) 总结了影响员工忠诚度的因素，将其归纳为三个方面，分别为个人特征、组内的社会化及培训、社区成员的特征。这三个方面都是与员工忠诚度高度相关的。此外，研究者也发现在研究员工忠诚度时，要考虑员工对有关同事及工作场所忠诚度的看法。

3. 员工忠诚度概念的测量

根据 Zhen, Tsui and Farh (2002) 的观察，现有员工忠诚度的研究大部分来自组织承诺 (organizational commitment) 这一概念。Mowday, Porter and Steers(1982) 对组织承诺的定义中包括了三个维度：接受组织的目标和价值观、为代表组织付出额外的努力，以及与现有雇主保持关系的希望。Mowday, Steers and Porter(1979) 提出了一个包含了以上三个维度的量表 (Organizational Commitment Questionnaire)，里面总共有十五个条目。O’Reilly and Chatman (1986) 之后发展了另外一个量表，他们的维度注重员工对组织的心理依恋。他们将承诺清楚分成三种，分别为遵守、认同及内化，并制定了不同的量表去进行量度。Ding, Lu, Song and Lu(2012) 的研究将员工忠诚度分为两个层面，分别为态度忠诚 (attitude loyalty) 及行为忠诚 (behavior loyalty)，量表内总共有七个条目。虽然 Mowday, Steers and Porter(1979) 使用的量表开发出来已经有一定的时间，但它所包含的东西较为全面，因此本研究仍会利用此量表，并将其加以改良及简化。问卷的题目将会由十五个条目删减至十个条目，将鉴定力较低的题目从此次的问卷中剔除。部分问题如下：

“我会骄傲地对其他人说我是这家企业的一分子。”“这是我可以选择工作的企业中最好的一家。”“我很少机会会离开这家企业。”

（七）组织公平感的文献回顾

1. 组织公平感概念的界定

组织公平感是组织或单位内人们对与个人利益有关的组织制度、政策和措施的公平感受；而社会公平感则是从不同的阶层、行业和职业等特征划分人群的公平感。组织中的公平也可划分为两个层面：第一层面为组织公平的客观状态。在这一层面上人们可以不断地改善和发展各种组织制度、建立相应的程序和措施来达到组织公平，但是绝对的、终极的组织公平是很难实现的。第二层面为组织公平感，即在组织中成员对组织公平的主观感受。这二者有联系，但也存在差别。一个“公平的制度”如果不被员工认识和接纳，它对员工行为的影响力就不能得到充分的发挥。因此，从组织行为学的角度上讲，组织公平感更为重要，它对公平问题的探讨主要集中在对组织公平感的探讨。

组织公平性指的是员工对组织及其代理人进行决策的过程及其结果的公平性感知(Shalhoop, 2003)。因为组织及其代理人进行决策时，员工会在各方面受到影响，因此组织公平性并不是只着重结果是否公平，同时需要顾及企业处理事情的程序及决策中对待人是否公平。根据 Whisenant and Smucker(2009) 的研究，组织公平性可分成三种，分别为分配公平性、程序公平性及互动公平性：

（1）分配公平 (Distributive Justice)

分配公平感是指员工对组织报酬、决策结果和资源分配的分配结果是否公平的感受。分配不公平感导致员工降低其工作绩效，与同事合作减少，降低工作质量甚至产生偷窃行为。决策结果或所分配的资源可以是有形的 (例如：工资) 或无形的 (例如：表扬) 。当员工感到决策结果及资源分配对每个人来说是机会相等时，他们对组织的分配公平感将会上升 (Colquitt, 2001)。员工的公平感主要来自于对报酬数量的公平性的感受，员工总是将产出 (即从组织得到的回报) 与自己对组织的投入 (包括个人拥有的技能、努力、教育、培训、经验等因素) 的比例，与他人的产出和投入比例进行对比。当比例不相等时，就会产生不公平感。这种不公平感会使个体经历紧张或焦虑的心理状态，进而寻求解决方法以求公平重建。这些重建手段包括心理上的和行为上的，如改变自己的投入、改变他人的产出、重新认知自己的投入和产出、对他人采取行动 (如改变或重新认知他人的投入和产出，或迫使他人离开)、改变比较对象或选择离开。

（2）程序公平 (Procedural Justice)

程序公平被定义为得出结果前的程序的公平性。当员工觉得他们在这个过程中可以表达他们的声音或在过程中涉及一些特性，如一致性、准确性、伦理性和没有偏见，这样员工的程序公平感将会加强 (Leventhal,1980)。程序公平性就是企业处理事情的过程中，企业是否能作出一个公平、公正及一致的处理。举例来说，当企业在加薪的问题上与员工对峙时，企业在审视市场工资及员工实际工作量后，如果企业能做出合理决定而非单纯为着自身盈利去作决定的话，这样便算是程序公平，反之亦然。

（3）人际关系公平 (Interpersonal Justice)

人际关系公平也可称为互动公平，顾名思义指的是个人所感受到的人与人之间交往的质量。人际公平是指在决策过程中，员工有否被尊重、考虑，以及得到信息的及时性 (Moorman,1991)。Colquitt(2001) 的研究指出互动公平应该被分成两部分：人际交往 (interpersonal justice) 和信息公平 (informational justice)。人际交往公平是指员工在决策过程中有否被尊重，而信息公平是指员工得到信息的及时性、独特性和真实性。不论分配结果是否公平，员工最早获得了这些信息，而且还会对这些信息产生反应，信息提供者需要对员工的反应做出回应。

2. 组织公平感的相关研究及研究假设

组织公平感通常被认为是一个认知上的概念，它会通过员工的态度及行为表现出来。在现有的研究中，我们可以发现只有很少研究探讨公平与情绪之间的关系。Weiss Suckow and Cropanzano(1999) 指出“公平感对情绪的影响一直以来都有人提出，但是我们并没有对它们的关系进行一个详细的研究以作验证”。

很多研究都曾经研究过分配公平性对人们情绪的影响。在 Homans (1974) 及 Skarlicki and Folger(1997) 的研究中指出，如果员工得到的东西比他 / 她预期中的少，那么他 / 她必定会变得愤怒及实行一些具有侵略性的行动。相反地，如果员工收到的报酬多于他 / 她所应得的，那么他 / 她便会因此而感到内疚 (Sprecher, 1992)。最好的状态是报酬刚好或比应得的多一点点。Hegtvedt and Killian (1999) 指出，人们如果得到公平对待，他们会较少出现负面情绪，相反地他们会表达出满意。

在 Weiss,Suckow and Cropanzano(1999) 的研究中，学者对一群大学生做了一个有关分配公平感及程序公平感对情绪的测试。实验中有一些有趣的结果，原来不同的公平感会触发人们不同的情绪。例如开心原来只是会由结果 (分配公平的主要构成因素) 引起。而内疚、愤怒、自豪等情绪则是由结果及程序公平同时引出的，而并非单一因素导致。由此可见，各种公平感会对人们的情感带来影响。

很多学者对组织公平性与组织承诺进行研究。Allen and Meyer (1996) 的研究探讨了组织承诺与组织公平性之间的关系，结果发现组织公平性与情感承诺有很强的正相关关系。而 Colquitt,Conlon,Wesson,Porter and Ng(2001) 的研究则探讨了有关程序公平与组织承诺的相关性。而结果显示它们之间的相关性为 0.57。Shalhoop(2003) 的研究则指出分配及程序公正会影响组织承诺。而 Masterson,Lewis,Goldman and Taylor(2000) 的研究发现程序公平较互动公平更能预测员工的组织承诺。

此外，学者对组织公平性与员工满意感也进行了一系列的研究。Chelladurai (1999) 的研究发现，组织的不公平行为会使得员工之间的合作减少，结果导致员工不满及疏远。而 Smith, Bolton and Wagner(1999) 曾经进行了一项研究，他们发现各项公平感都会不同程度让人希望留下。Smucker,Whisenant and Pedersen (2003) 以体育组织为对象，进行了一个相关研究。结果发现，组织公平性会影响员工的满意感及态度。Whisenant and Smucker (2009) 以高校的教练作样本，并发现组织公平性与员工满意感正相关。该研究同时发现男女对公平性的理解是有所差异的。从上述的文献回顾中，我们发现各种公平感对人们的情绪及忠诚度都有着一定的关系，因此本研究假设组织公平性与员工满意感呈正相关。

3. 组织公平感的测量

Colquitt and Shaw (2005) 提出测量组织公平性时可以使用四个元素，其中学者使用最多的是有关种类的元素。种类所指的是上述所指的三种组织公平性，包括分配公平、程序公平及互动公平。Price and Mueller (1986) 建构了三个种类的相关量表。之后，Moorman (1991) 在自己的研究中根据 Price and Mueller (1986) 的量表进行了修改，并制定了其维度。而 Colquitt(2001) 也提出了与 Moorman (1991) 相类似的量表。而 Niehoff and Moorman(1993) 的研究是在中国进行的，因此他们对量表进行了一定的调整，让它更符合中国人使用。本研究主要根据 Colquitt(2001) 的量表进行修改，将各部分整合起来，制定出一个量度组织公平性的量表。其中的问题包括:

"你的工资有多大程度与你投入到工作的努力挂钩？" "你有多大程度可以在各种程序上表达你的意见？" "有多大程度企业以礼貌的方式对待你？"

（八）理论基础与假设

本研究的主要目的是探讨企业支持如何影响员工忠诚度。根据上述的文献回顾，我们可以发现本研究所选出的企业支持感三个变量，包括上司支持感、管理层支持感及服务支持感，这三个变量均会正面影响员工正面情绪。另外，员工正面情绪则会正面影响员工忠诚度。此外，本研究也会加入组织公平性这个调节变量，而我们相信组织公平性会正面影响自变量 (员工正面情绪) 与因变量 (员工忠诚度) 之间的关系。文章的五个假说设定如下:

1. 管理层支持感与员工正面情绪

有关管理层支持感的研究文章并不多，一般的研究都会将管理层支持包括到组织支持感里面。根据 Metlen, Eveleth and Bailey (2005)，很多有关公民行为的研究均显示管理层的支持会为员工的满意感及公民行为带来正面影响。这个结果与社会交换看法对员工与经理关系一致。当员工感到得到管理层的强烈支持，他们会因此而对自己的工作感到满意，同时也会做出一些超出工作需要范围有利公司的行动。Metlen et al.(2005) 曾经进行一项研究，他们根据服务利润链模型作假设，并验证了管理层支持与员工满意感正相关。这些研究结果为管理层支持及员工工作满意度提供了一个很有力的支持。员工工作满意度是员工正面情绪的一部分，因此我们的第一个假设如下：

H1: 员工的管理层支持感与员工正面情绪正相关。

2. 上司支持感与员工正面情绪

上司支持感会对员工的情绪产生影响。例如：Kalliiath and Beck (2001) 的研究指出强的上司支持感会减少职业倦怠及离职意愿。而 Munn, Barber and Fritz (1996) 的研究发现，上司支持感是用以预测员工工作满意度及离职意向的最好项目。Hutchison (1997) 的研究则指出上司关心及支持与情感承诺 (affective commitment) 是呈现正向关系的。情感承诺是指因职业符合自己的职业理想、兴趣，个人喜欢从事该职业、愿意留在该职业的强烈愿望。因为上司作为一家企业的代理人，他们需要直接负责指导、评估及支持他们的下属。而李宗波和王明辉 (2012) 也曾经从事有关上司支持感的研究。该研究验证了上司支持与员工的不安全感与绩效的关系。结果发现上司支持与员工的工作满意度存在显著的正向关系，并且高水平的上司支持也能够缓冲高压力性工作对工作满意度的不利影响。上司支持度越强，员工的工作满意度越高。因此，本研究的第二个假设如下：

H2: 员工的上司支持感与员工正面情绪正相关。

3. 服务支持感与员工正面情绪

有关服务质量的文献已经证明了员工的满意度和服务感知之间的联系。Schlesinger and Zornitsky (1991) 发现员工工作满意度与其服务感知及顾客满意度正相关。此外，根据 Schlesinger and Heskett (1991) 的研究，员工满意度与顾客服务满意感存在显著关系。

Smith and Bolton (2002) 的研究测试了顾客对两个不同的服务设定，分别是餐厅及酒店，出错时的情绪反应。研究是让顾客幻想一下自己回到一家之前曾经光顾的餐厅或酒店。试验结果指出顾客对餐厅或酒店出错时都有着类似的反应。但是在餐厅出错时没有发现会影响到顾客的情绪，但是在酒店犯错的时候就大大牵动了顾客的神经。由此可见，顾客对一些付款较多的服务会有着更高的要求。如果不能满意其要求，顾客便会因此而出现情绪波动。航空业正是顾客花了很多金钱，希望能得到良好服务及不会出现任何差池。

在客户与销售人员互动时，客户可能会评估销售人员的整体服务，行为（动作）和特性，然后将观察得到的东西与自己的标准相比，从而作出评估。评估过后可能会导致顾客的情感发展。而得出的情感，反过来，将会影响顾客对于销售人员关系的满意度。一旦情绪被引发，它可以影响顾客判断。过去的研究结果表明，顾客在感到正面时较有可能对评估目标有着较正面的评价。相反地，如果顾客有着负面情绪，他们很有可能会对评估目标作出较差的评价 (Clore, Schwarz & Conway,1994)。因此，情感对客户和服务员之间的人际关系是会产生一定的影响。如果支持同事使得顾客感到不满，顾客便会带着不满的情绪与一线员工接触，最终导致很多的摩擦与投诉，影响一线员工的情绪，因此本研究的第三个假设设定如下：

H3: 员工的服务支持感与员工正面情绪正相关。

4. 员工正面情绪与员工忠诚度

近年，人力资源管理开始关注员工的情感问题，越来越多学者进行与此有关的研究。George and Brief(1992) 曾经进行一项有关情绪与组织公民行为的研究，结果发现两者正相关。如果员工的情绪越正面，他们会越愿意对企业付出。而 Robbins and DeNisi(1998) 的研究则发现情绪和离职行为有着负关系。如果员工感到越正面，他们会越不愿意离开正在工作的企业。Lord and Kanfer(2002) 认为情绪是人类对身边各种刺激的反应。他综合了数项研究的结果，并提出了情绪可以直接影响或间接影响人们在工作场所中的行为。而 Scherer(1994) 则认为情绪是个人行为与环境互动中的接口。简单来说，环境会影响人们的情绪，而情绪则会影响个人的行为。他认为情绪将会影响人们的行动时滞。当人们的情绪越强，他所表达出来的反应会越快。这些研究对员工情绪在工作环境的正面影响提供了一定的支持。

Cunha (2002) 进行了一个案例研究，调查领导、文化与组织结构与员工忠诚度之间的关系。该研究以访问及问卷形式进行。研究总共访问了七十位受访者，结果发现良好的领导、低调的组织文化、良好的组织结构会正面影响员工忠诚度。若企业提供良好的工作环境、支持及升级机会，员工便会对企业更加忠诚。Rahman, Zahari, Rahman and Khazainah (2011) 以马来西亚的酒店作研究，探讨员工满意度如何影响员工忠诚度。结果发现两者正相关，员工满意度越高，员工忠诚度也越高。因此，我们可以得出以下的假设：

H4：员工正面情绪与员工忠诚度正相关。

5. 组织公平性对员工正面情绪与员工忠诚度之间的关系

在现有的研究中，只有少量研究探讨公平与情绪之间的关系。Weiss Suckow and Cropanzano (1999) 指出“公平感对情绪的影响一直以来都有人提出，但是我们并没有对它们的关系进行一个详细的研究以作验证”。在有限的研究中，Homans (1974) 及 Skarlicki and Folger (1997) 指出，如果员工得到的东西比他 / 她预期中的少，那么他 / 她必定会变得愤怒及实行一些具有侵略性的行动。相反地，如果员工收到的报酬多于他 / 她所应得的，那么他 / 她便会因此而感到内疚 (Sprecher, 1992)。因此，最好的状态是报酬刚好或比应得的多一点点。而 Hegtvedt and Killian (1999) 指出，人们如果得到公平对待，他们会较少出现负面情绪，相反地他们会表达出满意。

而在 Weiss, Suckow and Cropanzano (1999) 的研究中，学者以一群大学生做了一个有关分配公平感及程序公平感对情绪的测试。实验中有一些有趣的结果，原来不同的公平感会触发人们不同的情绪。例如开心原来只会由结果 (分配公平的主要构成因素) 引起。而内疚、愤怒、自豪等情绪则是由结果及程序公平同时引出的，而并非单一因素所导致。由此可见，各种公平感会对人们的情感带来影响。Chelladurai (1999) 的研究发现，组织的不公平行为会使得员工之间的合作减少，结果导致员工不满及疏远。Smucker, Whisenant and Pedersen (2003) 以体育组织为对象，进行了一个相关的研究。结果发现，组织公平性会影响员工的满意感及态度。Whisenant and Smucker (2009) 的研究以高校的教练作样本，并发现组织公平性与员工满意感呈现正相关。从上述研究中，我们可以推测到组织公平感与员工的正面情绪正相关。

另外，很多学者对组织公平性与组织承诺进行研究。Allen and Meyer (1996) 的研究探讨了组织承诺与组织公平性之间的关系。组织承诺一般是指个体认同并参与一个组织的强度。组织承诺也可以了解为员工忠诚度。结果发现组织公平性与情感承诺有着很强的正关系。而 Colquitt, Conlon, Wesson, Porter and Ng (2001)

的研究则探讨了有关程序公平与组织承诺的相关性。而结果显示它们之间的相关性为 0.57。Shalhoop (2003) 的研究则指出分配及程序公正会影响组织承诺。而 Masterson, Lewis, Goldman and Taylor (2000) 的研究发现程序公平较互动公平更能预测员工的组织承诺。因此，组织公平感与员工忠诚度可以理解为存在着正关系。从上述的文献中，我们可以得出以下的假设：

H5：组织公平性对员工正面情绪与员工忠诚度之间的关系存在着正面影响。

我们在上文制定了五个假设，因此本研究所提出的研究架构如下 (图 2.1)：

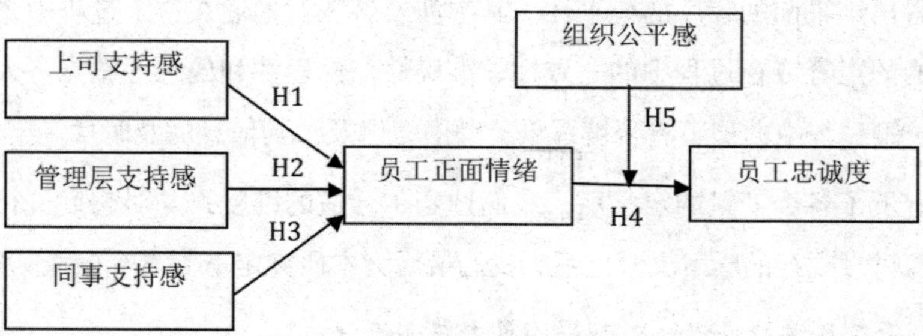

图 2.1 研究架构

（九）本章小结

本章将企业支持感的三个维度，包括管理层支持感、上司支持感、服务支持感，中介变量——员工正面情绪，因变量——员工忠诚度，以及调节变量——组织公平感，总共六个变量，进行了一个详尽的文献回顾。

各个变量的定义分别如下：

1. 管理层支持感指的是员工对管理层所给予的支持的感受。管理层可以通过流程整合及直接支持员工去表达其支持。

2. 上司支持感解释为员工对上司的支持感受，主要包括他在日常工作中对一线员工的支持。

3. 服务支持感在这个研究中是指员工对支持人员的支持及他们的服务质量的

感知。在本研究中，服务支持感是其他部门及员工的支持及他们的工作质量，例如客户服务热线、负责网上订票服务的员工等。

4. 正面情绪可以理解为员工的心理状况是否正面。正面情绪与好心情是不同的。正面情绪是会由一些特定的事物所引起的，而好心情则是没有特定对象。

5. 企业员工的忠诚度是指员工对于企业所表现出来的行为指向和心理归属，即员工对所服务的企业尽心竭力的奉献程度。学者将员工忠诚度分成三种，分别为情感承诺、计虑承诺及规范承诺。

6. 组织公平感可分成三个部分，分别为分配公平性、程序公平性及互动公平性。分配公平 (Distributive Justice) 指的是决策结果和资源分配的公平性。程序公平则为得出结果前的程序的公平性。其中涉及员工对他们在这个过程中是否可以表达他们的声音或在过程中的一致性、准确性、伦理性和偏见等感觉。人际公平是指在决策过程中，员工有否被尊重、考虑，以及得到信息的及时性。

在定下了各个变量的定义后，我们选定了合适的维度，并对它们进行修改。在深入探讨过现存的学术文献之后，我们最后为本研究定下了五个假设，分别为:

H1: 管理层支持感将会正面影响员工正面情绪。

H2: 上司支持感将会正面影响员工正面情绪。

H3: 服务支持感将会正面影响员工正面情绪。

H4: 员工正面情绪将会正面影响员工忠诚度。

H5: 组织公平性将会正面影响员工正面情绪与员工忠诚度之间的关系。

本章对整个研究提出了一个全面的理论依据，让研究的可信性有所提高。同时，本章也让读者对研究所使用的变量有一个深切的认识及概念。

三、研究设计

本章将会详细探讨研究方法，其中包括各个研究变量的操作化定义及测量、调查程序、方法及数据分析方法。通过本章的分析，可以了解到本研究采用的研究方法是否严谨及可信。

（一）研究变量操作化定义及测量

本研究的问卷可以分成两部分，第一部分为自变量及因变量的量度，总共有六个变量，四十九个条目。而第二部分则为受访者的个人资料，包括年龄、职位、婚姻状况等六个条目。整份问卷的问题共有五十五个条目，问卷将个人资料放到第二部分的主要原因是避免受访者感到压力，让他们先建立信任度再行填写关乎私隐的数据，提高他们填写的意愿。详细问卷参考附件一。

1. 组织公平感

组织公平感可分成三个维度，分别为分配公平性、程序公平性及互动公平性。分配公平 (Distributive Justice) 指的是决策结果和资源分配的公平性。程序公平 (Procedural Justice) 则为得出结果前的程序的公平性。其中涉及员工对他们在这个过程中是否可以表达他们的声音或在过程中的一致性、准确性、伦理性和偏见等感觉。人际公平 (Interpersonal Justice) 是指在决策过程中，员工有否被尊重、考虑，以及得到信息的及时性。因此，组织公平性需要分成三个部分，即分配公平、程序公平、人际公平来量度。本研究将会使用Colquitt(2001)所制定的维度进行量度。分配公平的维度总共有四个条目；程序公平共个条目；而人际公平则有四个条目。它们加起来便可理解为组织公平性，总共有十四个条目。

表 3.1 分配公平 (Distributive Justice) 维度

简称	问题
DJ1	你的工资有多大程度与你投入到工作的努力挂钩?
DJ2	你的工资有多大程度恰当回报你所完成的工作?
DJ3	你的工资有多大程度与你对企业的贡献挂钩?
DJ4	根据你的表现，你的工资有多合理?

表 3.2 程序公平 (Procedural Justice) 维度

简称	问题
PJ1	你有多大程度可以在各种程序上表达你的意见?
PJ2	企业中的各种程序有多大程度得到贯彻执行?
PJ3	企业中的各种程序有多大程度没有偏见?
PJ4	企业中的各种程序有多大程度根据准确资料?
PJ5	你有多大程度可以对程序中得到的结果进行上诉?
PJ6	企业中的各种有多大程度维护伦理和道德标准?

表 3.3 人际公平 (Interpersonal Justice) 维度

简称	问题
IJ1	有多大程度企业以礼貌的方式对待你?
IJ2	有多大程度企业以有尊严的方式对待你?
IJ3	有多大程度企业以尊重的方式对待你?
IJ4	有多大程度避免对你有不当的言论或意见?

2. 管理层支持感

管理层是组织中的参照组，他们有权力设置薪酬、企业方向和各式各样的重大政策 (Chockalingam, Deshpande & Jacob, 1998)。因此，管理层通过制定不同的重大政策，对员工的报酬及工作产生影响。社会交换 (Social Exchange) 概念涵盖了管理层的行动与员工的行动 (Metlen, Eveleth & Bailey, 2005)。员工与他 / 她的经理形成心理契约 (Eddleston et al.,2002)。管理层是否履行其职责会对员工的态度及行为有很大的影响。管理层支持感并没有一个统一的定义。在本研究中，管理层支持感指的是员工对管理层给予他们的支持的感受。管理层可以通过流程整合及直接支持员工去表达其支持。举例来说，保险业界每个季度或每年都会有一些颁奖典礼，表扬员工在一段时间内对企业的贡献；或在员工对企业的工作环境、工资等不满时，企业都会用一个正面的态度去处理而非直接否决，这就是一种让员工提高管理层支持感的方法。本研究利用 Eisenberger et al. (1986) 的维度加以修改，并制作成以下总共有八个条目的量表。

表 3.4: 管理层支持感 (Perceived Management Support) 维度

简称	问题
PMS1	管理层重视我作出的贡献。
PMS2	管理层不会欣赏我任何额外的努力。
PMS3	管理层忽略我任何的投诉。
PMS4	管理层关心我的幸福。
PMS5	即使我的工作做到最好，管理层都不会注意。
PMS6	管理层关心我的工作的总体满意度。
PMS7	管理层很少关心我。
PMS8	管理层会为我工作的才能而感自豪。

3. 上司支持感

Kottke and Sharafinsk (1988) 延续了 Eisenberger et al.(1986) 的思想，认为下属和上司的承诺是双向的，除了下属对上司的忠诚外，也包含了上司对下属承诺的交换关系。他们将这种承诺称为上司支持感 (perceived supervisor support)，它代表着下属对上司重视其贡献、关心其福祉的程度的总体看法。Eisenberger, Stinglhamber, Vandenberge, Sucharski and Rhoades (2002) 将上司支持感定义为“员工在什么程度认为他们的上司关心他们的福祉、重视他们的贡献、并普遍支持他们”。无论强或弱的上司支持感都会对员工造成不同的影响。例如：Kalliiath and Beck (2001) 的研究指出强的上司支持感会减少职业倦怠及离职意愿。而 Munn, Barber and Fritz(1996) 的研究发现，上司支持感是用以预测员工工作满意度及离职意向的最好项目。在本研究中，上司支持感将解释为员工对上司的支持感受，主要包括他在日常工作中对一线员工的支持。

我们会使用 Lambert (2000) 制定的维度量度上司支持感。整个维度总共有八个条目，其中主要问及的是员工认为上司对他们的关心程度及是否愿意在有需要时提供协助。详细的问题如下：

表 3.5 上司支援感 (Supervisor Support) 维度

简称	问题
SS1	上司关心我。
SS2	当我有紧急的个人事故时，上司会帮助我。
SS3	上司觉得我们每一个人都很重要。
SS4	当我有例行的家庭或个人事故时，上司会帮助我。
SS5	上司关心的是我们的想法和感受。
SS6	当我有个人问题而影响工作时，上司会谅解。
SS7	上司似乎知道很多关于公司的政策，帮助员工管理自己的家庭责任。
SS8	我们告诉上司的秘密，会得到保密。

4. 服务支持感

服务支持感是一个较为创新的概念，在现有的文献中并没有一个特定的量表。Gronroos (1984) 将服务感知定义为员工对自己给予顾客服务质量的个人评价。在本研究中我们将服务支持感定义为员工对支持同事的服务质量的感知。服务支持感是其他部门员工的支持及他们的工作质量，例如地勤、客户服务等。服务支持包含服务质量感知，因为良好的服务会为员工带来工作上的便利，因此它也应当包括服务支持的部分。本研究将会使用 Dabholkar, Sheperd and Thorpe (2000) 所制定的量表作测量。

表 3.6: 服务支持感 (Colleague Support) 维度

简称	问题
CS1	一般而言，我觉得支持同事提供了很好的服务。
CS2	一般而言，我相信支持同事给予顾客很高质量的服务。

（续表）

CS3	一般而言，支持同事的顾客服务有着高标准。
CS4	一般而言，支持同事在各方面提供优质的服务。

5. 员工忠诚度

企业员工的忠诚度是指员工对企业所表现出来的行为指向和心理归属，即员工对所服务的企业尽心竭力的奉献程度。李晓东 (2011) 将员工忠诚度定义为“员工对单位的忠诚程度，体现在员工与单位目标的协调性、价值观的兼容性以及员工对单位内在环境适应性、贡献性和创新性等方面”。根据陈萍和田双亮 (2002) 的研究，员工忠诚可分为两种，分别为主动忠诚和被动忠诚。本研究将会使用 Mowday, Steers and Porter (1979) 制定的十个条目量表作维度。其中的问题是问及员工的离职意愿及是否在意这家企业的未来等。

表 3.7: 员工忠诚度 (Employee Loyalty) 维度

简称	问题
EL1	决定在这家企业工作是我的错误。
EL2	我对这家企业没有忠诚度。
EL3	我会骄傲对其他人说我是这家企业的一分子。
EL4	我很在意这家企业的命运。
EL5	我对我的朋友表示，在这家企业工作是很好的。
EL6	我很少机会会离开这家企业。
EL7	留在这家企业不会为我带来什么好处。
EL8	这是我可以选择工作的企业中最好的一家。
EL9	为了留在这家企业，我会接受它所分配的任何工作。
EL10	只要工作类型相似，我可以在其他企业工作。

6. 员工正面情绪

员工正面情绪指的是员工的正向心理感受，其中包括感到快乐、精力充沛等。Frijda (1993) 曾比较过情绪与心情这两个概念。他认为情绪是受到特定的刺激才会出现的，例如一些事情或对象，反观心情则不是由特定的物件引起的。Myers (2006)

相信正面情绪需要一些刺激才会出现。同时它不需要身体上的刺激也会出现(例如听到好消息时，喜悦将会出现)。正面情绪与好心情之间是非常相似的。根据Frijda(1993)的见解，正面情绪是短暂的，包含个人对事物的评估。而好心情是没有特定对象的并会维持一个较长的时间。本研究将会使用Siu et al. (2006)制定的量表作测量。该量表中总共有五个条目，答案由1——从不到5——非常频密。其中所问及的是员工在最近3个月的正面感受。因为正面情绪是短暂的，所以3个月是一个合理的长度。问题如下：

表3.8: 员工正面情绪(Employee Positive Emotion)维度

简称	问题
PE1	在过去3个月内，我感到快乐。
PE2	在过去3个月内，我感到精力充沛。
PE3	在过去3个月内，我感到对每件事也感到兴趣。
PE4	在过去3个月内，我感到对某些事感到开心。
PE5	在过去3个月内，我感到兴高采烈。

7. 控制变量

控制变量主要包括性别、工作年资、年龄、婚姻状况、教育程度及职位。本部分所得的数据将会用作验证本研究的抽样与现实环境的群体组成有没有重大的差别。如果出现重大差别，则意味着本研究的取样可能出现了问题，因此会进行重新抽样。

（二）调查程序及方法

本项目所需要的大部分数据主要采用问卷调查的方法。借助于问卷调查，不仅可以为实证研究设计中如何选择更为合适的研究变量、修正理论预期以及实证模型提供帮助，还可以获得实务界对于提高员员工忠诚度的组织支持感实践的反馈和建议。

1. 调查方法

调查方法的运用会对一个研究带来很大的影响。不适合的调查方法不但会大幅增加研究成本，并且会降低资料的质量。在研究的领域中，有两个主要范畴，分别是质性研究 (qualitative research) 及定量研究 (quantitative research)。质性研究方法的数据处理较为简易，而且相对定量研究客观，因此它是社会科学及商业领域的主流研究方法。但是，质性研究及定量研究各有其优劣之处，方法的应用各有特色及时机，研究员需要根据研究的目的来挑选合适的方法。根据 Merrian (1988) 的研究，质性研究与定量研究的差别归纳如下：

表 3.9 质性研究与定量研究之间的对比

项目	质性研究	定量研究
研究焦点	品质、性质、本质	数量、多少、数目
哲理根据	现象学、符号互动论、自然论	实证论、逻辑经验论
相关术语	民族志的、自然取向、主观的	实验的、统计的
探讨目标	理解、叙述、发现、形成假设	预测、控制、叙述、证实、验证假设
设计特征	弹性的、开展的、较无结构的	先决的、结构的
研究情境	熟悉的、自然的	不熟悉的、人为的
研究样本	小规模的、非随机的、理论性的	大规模的、随机的、代表的
资料收集	研究者作为研究工具、晤谈、观察	无生命的工具： 如量尺、测验、调查、问卷、计算机
分析方式	归纳的（研究者进行归纳）	演绎的（借助统计方法）
研究结果	综合的、全观的、扩张的	精确的、窄化的、归约取向

在本研究中，我们主要是希望验证我们所制定的模型和假设，而非叙述和发现的。因此，本研究主要利用定量研究方法，并会利用一些质性研究的方法去解释结果得出的部分预期以外的现象。根据张绍勋 (2001) 的观点，质性研究与定量研究的资料收集方法主要可分成四种，分别为个别访谈、电话访谈、邮寄问卷及网络调查。这些方法各有优点及缺点，其分析如下：

（1）个别访谈

个别访谈是最传统的调查方式之一，而它的优点显而易见。因为个别访谈是采用面对面的形式进行，过程中受访者能高度参与。与集体访谈不同，在个别访谈中，受访者在其他人的干扰之下，他们较能畅所欲言，可以表达更多内心真实的意见。在一些敏感的话题上，个别访谈是有着其需要的。而在访问者的立场，他们能于过程中观察受访者的真实反应，记录一些问题以外所得的信息。同时，访问者可以验证受访者有否说谎或隐瞒，确保数据的准确性。此外，受访者可能对问卷中的部分概念有不清楚的地方。这种方法可以厘清问题的意思，提升所得的数据的准确性。虽然这种方法能收集到大量信息，但是运用此方法收集资料最大问题是成本非常高。因为受访对象之间可能有着地域相隔，大量人员是必须的。同时，研究也需要预留资金花在交通上。因此，研究经费较少的计划很难运用这种调查方法。此外，访谈因为采用面对面的形式进行，如果访问员的访问技巧较差，让受访者感到冒犯或觉得不可信，受访者可能会因为心理压力而拒绝回答部分问题。

（2）电话访谈

除个别访谈外，电话访谈也是经常用到的调查方法。这种方法最明显的好处是数据回收速度快。访问员可以快速接触到不同区域的受访者，而不用因为地域阻隔而影响数据收集的速度及数量。此外，当与问卷进行比较时，这种方法可以让访问员在访谈过程中与受访者互动，收集到更多数据，同时也有可能让访问员察觉到受访者答案的准确性。而这种方法也有两个缺点，第一个是缺少视觉观察。在电话访谈中只可以听到受访者的声音，访问员不可以像个别访谈般观察受访者的动作及表情，这样对验证答案的准确性大打折扣。而第二个缺点就是这种方法也需要使用一定量的人员。在现在工资上涨的情况下，如果需要收取一定数量的数据时，所需的成本也较高。

（3）邮寄问卷

邮寄问卷的优点相较于上述两种方法成本较低。在工资高涨的年代，邮寄问卷的优点会越趋明显——成本会较人员密集的方法低很多。除了成本优势之外，这种方法可以让受访者自由选择方便的时间进行回答，减少受访者因为在忙碌及赶忙的情况下而胡乱回答问题，影响收集得来的资料的准确性。虽然这种方法十分便宜，在一些低预算的研究中可以轻易实现，但它的缺点同时也非常明显。最显而易见的问题是资料回收较慢。因为邮寄需时，把问卷寄给受访者及待他们将问卷寄回，此步骤可能花上半个月甚至更长的时间。如果研究结果具实时性，比方说民意调查，这样邮寄问卷便不是一个合适的方法。此外，受访者在填妥问卷后需要将问卷寄回发件人，部分人会觉得这个步骤比较麻烦而拒绝受访，因此这样会使得低下的回收率变得更低。最后，受访者没有与任何人进行互动，无法作进一步询问。

（4）网络调查

张绍勋 (2001) 提出的最后一种方法就是网络调查，这种调查方法是较新颖，基本上是在近十年才开始使用的。近年，互联网普及，接近每个家庭都有着个人计算机。研究员只要制定好成本，他们便可以开始进行调查。在网上有很多不同的免费问卷平台，My3Q、Google 等，均是人们常用的。除了所需的电费之外，此方法基本上没有其他成本，所需的人员也极少，因此成本极低。此外，问卷可以同时让不同的受访者填写，数据回收速度快。还有的是网上问卷可进行跨国访问，对部分需要在不同国家取样的研究有着一定的帮助。但是这个方法与邮寄问卷调查一样，受访者没有机会与任何人进行互动，所以它同样地无法作进一步询问。更重要的是网上有很多黑客的攻击，也会有一些人以虚假的身份回答问卷，影响结果。如何避免收取这种虚假数据是经常使得研究员感到困扰的事情。各种调查方式的优点及缺点概括如下：

表 3.10 各种数据收集方式的优劣比较

调查方式	优点	缺点
个别访谈	1. 受访者能高度参与 2. 能观察受访者的反应 3. 能厘清问卷的问题，提高资料的准确性	1. 成本高 2. 受访者可能会因为心理压力而拒绝回答部分问题
电话访谈	1. 数据回收速度快 2. 能与受访者互动	1. 缺少视觉观察 2. 成本高
邮寄问卷	1. 成本较低 2. 受访者可以自行选取方便的时间进行回答	1. 资料回收较慢 2. 回收率较低 3. 无法作进一步询问
网络调查	1. 成本极低 2. 数据回收速度快 3. 可进行跨国访问	1. 无法作进一步询问 2. 较难阻截虚假回应

本研究的对象指定为中国航空公司中的一线员工。顾及受访者工作的特性，邮寄问卷、电话访谈及网络调查都较难实行。因此，本研究将会透过航空公司的主管给人员分派问卷，以滚雪球抽样 (snowball sampling) 这种取样方法收集数据。让本研究可以收集得到足够数量的数据作分析。

滚雪球抽样是指先随机选择一些被访者并对其实施访问，再请他们提供另外一些属于所研究目标总体的调查对象，根据所形成的线索选择此后的调查对象。这种抽样方法以若干个具有所需特征的人为最初的调查对象，然后依靠他们提供认识的合格的调查对象，再由这些人提供第三批调查对象，依此类推，样本如同滚雪球般由小变大。第一批被访者是采用概率抽样得来的，之后的被访者都属于非概率抽样。

另外，正如上述所言，在分析数据的时候可能会出现一些预想意外的情况，例如结果与我们的假设背道而驰，甚至变量之间显示没有关系。我们将会利用立意取样 (purposive sampling) 的方法，找寻适当的受访者进行访谈，以发现结果与假设背道而驰的原因。

立意取样较多用于质性研究。它与传统的取样方法所遵循的原理、原则有所不同；简而言之，它是以信息数据的考虑为主，其目的是求取信息的极大化，而非统计的推论性。立意取样具有下列的特质：立意取样是一种突然浮现的取样设计；立意取样是一种可以系列选择的取样方法；在立意取样的过程中，可以持续修正调整取样的焦点；立意取样可以决定何时是数据饱和的时刻。

本研究的问卷会采用李克特五点维度量表 (five point likert scale)。由最低的 1 分非常不同意、非常少程度到最高的 5 分非常同意、非常大程度。使用五点维度量表是因为 Berdie(1994) 曾在他的研究其中表示，在大多数情况下五点维度量表是最可靠的。如果选项超过五点，一般人很难有足够的辨析力。同时，五点维度量表可以表达出温和意见与强烈意见之间的区别。彭仁信 (1994) 认为量表的点数越多，选答分布就会变得越广，变异数也会变得更大。这种选答很广的分布缺乏可信度，同时较大的选答变异数会导致较大的抽样误差。因此，五点维度量表是最佳的量度方法，本研究也根据前人的经验加以利用。而个人资料的部分，主要都是利用选择题，其中只有问及有关工作年资的问题需要受访者自行填写。

在完成问卷数据分析之后，我们会在受访者其中抽样，以了解受访者对结果是否认同及背后的原因。但是，笔者与受访者的背景有着很大的差异，发展一种与受访者一致的自然态度，几乎就是一个不可能完成的任务。由于背景不同，我们必然在期待、知识库存、诠释或解释机制，诠释的技术（例如：类型化）等诸多方面都存在着差异。这些差异使我们和受访者之间形成互为主体的可能性大大地降低了。

但如果过分地强调差异，这种做法可能就与自然态度这一个概念的本意产生了距离，而为研究者与研究对象设置了互为主体的障碍。差异的存在，和对存在着的差异的态度，是两回事。Schotz(1967) 强调“不管在日常生活中，还是在社会学观察中，我们都应该用自然态度接受社会世界的存在。因此我们所要的研究人，是用自然态度观察世界的人。生于社会世界里，他会理所当然地接受他的同类的存在，就如他接受他所遇到的自然物一样”。因此，研究者本应用理所当然的自然态度，接近用自然态度观察世界的人，就是我所说的“相同”、“一致”、“共同”的自然态度的含义。不如，我们势必吧受访者看作全然不同的人，互为主体因此也就成了空话。

将自己设想为受访者的同类，悬置那些在使用不同的研究方法的学者看来必然存在的差异和质疑，也是我用来与我的受访者建立信任关系的一种必要方法。信任研究要成为可能，一个重要的前提是我和我的受访者之间的信任关系是成立的。正如我反复强调的那样，信任在我看来是一个过程，在关系建立的初期，需要悬置能力的动员和落实。这个阶段上，我必须避免形成这样的吊诡：将自己置于陌生人的“异类”的位置上，并试图与受访人建立信任关系。在自然态度的基础上，“当权”地悬置种种可能的差异，因此是恰当的。

在本研究中我试图理解的，是我的受访者以怎样的自然态度观察他们的世界。为了做到这一点，我必须用自然态度接受他们用以观察世界的自然态度。一种对这个研究来说理想的我与受访者之间的关系状态因此是这样的：我理所当然地认为（我的自然态度），他们理所当然的观察世界的方法（他们的自然态度），是理所当然的（我们的自然态度）。主体间性、互为主体的意涵，在我看来就应该如此的。

实现这种最为理想的研究状态需要一个过程。我发现深度访谈这种方法让我有机会实现这样的理想状态。从分析性范畴和文化范畴的回顾，到文化范畴的发现及其最后的分析性范畴的发现，深度访谈的整个过程都可以为我创造条件，使我有机会与我的受访者实现自然态度基础上的互为主体的关系。这个方法强而有力地捍卫下面这个朴素的道理：我的受访人是以这样的态度观察世界的。作为研究者，难道我不应该以这样的态度观察世界？同时，这个方法也让我在技术上真正做到用我的受访者方法（他们的自然态度），观察并理解世界，观察并理解其实践感。因为 McCracken (1988) 认为，“深度访谈能将我们引入个体的精神世界，把握他们用来看待世界的范畴和逻辑。它可以将我们带入个体的生活世界，以便我们理解其日常生活的内容和模式。深度访谈为我们提供机会，进入他人的心灵中去，像他们一样理解和体验这个世界。

2. 资料收集过程

有效的数据收集过程对数据准确度有着一定的影响。本研究参考 Churchill (1991) 的九个问卷设计步骤加以改良，建立出本研究的十二个资料收集步骤，详细步骤如下：

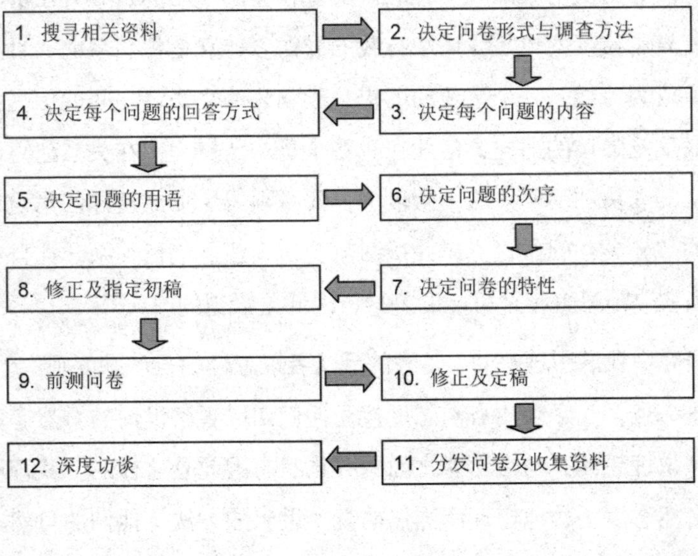

当定下了题目的方向与大纲之后，笔者首先搜寻了与此次研究题目相关的资

料，包括各个变量与其背后的理论，并尝试理解不同的学者对这个题目的见解及他们的研究方法。在资料搜寻的过程中，笔者发现大部分的学者都以问卷形式进行调查。正如上述所言，质性研究有着很多局限，尤其是访问的人数不多，它的可靠性有着很大的问题，而它的研究目标主要是发现与叙述，因此它只会在深层调查中有着一定的优势。因此，本研究最后选择采用问卷的形式收集，并会利用相关性和回归等统计学方法进行资料分析。在众多的研究中，学者们都会以不同的李克特量表 (Likert scale) 量度各个变量的程度。在部分研究中，作者并没有附上研究中所使用的问卷，或者只是在文章中有关研究方法的部分附上几个条目。因此，在制定本研究的问卷时出现了很多困难。但是，笔者也能顺利搜寻到数个可用的量表，并利用它们进行修改，将适合中国内地航空业的情况的题目加到问卷中，最后得出了所列出的量表量度本研究的各个变量。

虽然量表已经齐备，但大部分的维度都是以英文撰写，即使中文的维度也有着一些台湾用词。考虑到进行访问的地方是非英语国家，受访者未必全部都有着良好的英文程度，若以英文问卷进行访问必定会降低人们的受访意愿，因此笔者认为翻译是必需的。在翻译的过程中，笔者根据内地的用语对每一题问题进行意译而非直接翻译。这样做主要是因为直接翻译很大机会会导致受访者不能理解。因为本研究是利用邮寄的方式将问卷发给收件者，受访者在填写问卷时不会得到任何人的指导，因此笔者在翻译时也考虑了平衡专有名词与日常用语的数量。本研究问卷的问题不多，总共只有五十个条目。

量表的信度检验

为了测试受访者能否明白问卷的内容及有效地填写，前测是不能忽略的步骤。在前测中，笔者找来了十位航空业工作的人员，让他们填写问卷，并对问卷提出意见。前测的目的基本上有两个，第一个目的是确认量表题目的语意是否通顺、是否有错别字、编排是否适当。整个前测非常顺利，测试者对问卷大部分问题均能正确理解。而第二个目的是测试问题之间的一致性，即信度分析，将不适用的题目从问卷中删除，以确保数据的可利用性。利用 Cronbach’s Alpha 量度信度，而我们在前测中得到的 Alpha 值如下：

表 3.11 前测的信度测试

项目	Cronbach's Alpha
组织公平性	0.782
上司支持感	0.703
管理层支持感	0.678
服务支持感	0.806
员工忠诚度	0.732
员工正面情绪	0.724
总体	0.719

学者 DeVellis (1991) 曾提出 Alpha 值在 0.60 至 0.65 之间最好不要，0.65 至 0.70 之间是最小可接受范围，而 0.70 至 0.80 之间代表相当好。如果介于 0.80 至 0.90 之间非常好。从结果中我们可以看出只有管理层支持感这一个变量在最小可接受范围之内，而其他变量 Alpha 都是大于 0.7，属于相当好的范围中。服务支持感的 Alpha 值更加大于 0.8，达到非常好的水平。当将所有问题一起计算时，我们可以得知总体的 Alpha 值为 0.719，也是处于相当好的水平。因此，我们可以说明这份问卷相当一致，并不需要删除任何题目。至于效度方面，在前测的程序中，我们的样本数只有十，因此我们不能进行因素分析去量度建构效度。因此，我们在这部分利用内部效度。因为研究的问题是根据学者之前制定的量表所得的，因此我们相信本研究的问卷内部效度是十分可靠的。

在资料收集及分析过后，我们发现研究中有一个假设与预想之间出现偏差，我们发现两个变量之间并没有关系。因此我们找寻了受访者进行深度访谈，以了解其中的原因。因为时间的关系及航空业一线员工不稳定的工作时间及地点，因此我们在研究中只进行了两个抽样，其中一位是空中服务员，另一位则是地勤人员。访谈的过程中，我们利用一些开放式的问题，让受访者能表达他们对变量关系之间的看法，同时鼓励他们能列举例子加以解释。为了方便访谈，访谈的地方我们选了机场的餐厅进行。而笔者以笔录的形式将访谈的内容记下。完成访谈后，我们便将整个数据收集过程办好。

3. 资料分析方法

本项目主要采用 SPSS17.0 与 AMOS18.0 统计分析软件对从问卷收集得来的数据进行分析。主要使用的统计方法分别有：叙述性分析、相关性分析、信度及效度分析、回归分析及路径分析等。经过各种统计学分析，对组织支持感对员工正面情绪、员工正面情绪对员工忠诚度之间的影响以及组织公平性作为调节变量的影响进行较为全面的探索。

（1）叙述性统计分析

叙述性统计分析用以了解受访者的基本资料，以验证受访者的抽样情况与现实环境是否类似。换句话说，叙述性统计分析就是用以观察样本的特征。本研究将会采用平均数 (mean) 来分析受访的中国航空业一线员工的年资。此外，本研究也会使用众数 (mode) 去了解本次调查的受访者主要职位、年龄及婚姻状况等。与此同时，我们也会观察各种因素是否存在着常态分布。如果出现非常态分布的情况，我们会尝试了解它是否与现实情况相符。

（2）因素分析

因素分析的主要目的是对数据找出其结构，以少数几个因素来解释有相互关系存在的变量，而又能到保留原来最多的信息，再对找出因素的进行命名，如此可达到因素分析的两大目标：资料简化和摘要。此外，因素分析也能求得量表的“建构效度”(Construct Validity)。以较少的构念代表原来较复杂的数据结构。所谓效度是指测验分数的正确性，换句话说是指一个测验能够测量到它所想要测量的心理特质的程度。因素分析可以认定心理学上的特质，借着共同因素的发现而确定观念的结构成分，根据量表或测验所抽取的共同因素可以知道测量的特质和态度为何。

（3）相关性分析

相关性分析旨在求两个变量之间的关联程度 (degree of association)。在统计学上，两个变数间的关联程度，常以“相关系数”(correlation coefficient) 来表示。相关系数有两个特性。第一，相关系数大小的绝对值越大，表示两个变量之间的关联性越强。绝对值越小，表示两个变量间的关联性越弱。第二个特点，相关系数的正负表达了两个变量之间是正向还是反向的关系。如果相关系数为正，表示一个变量增加 / 减少，另外一个变量也会同时增加 / 减少，此种相关方向为正相关。如果一个变量增加 / 减少，另一个变量则会减少 / 增加，这样的情况则是负相关。

相关系数可以表示相关的程度 / 强弱 (magnitude) 与方向 (direction)。用来测量两个变数间的关联程度之相关系数的值介于 -1 与 1 之间。当系数的值为 0 时，称为“零相关”、相关系数的值大于 0 时称为“正相关”、而相关系数的值小于

0时则称为“负相关”。相关系数为1时，这代表两个变量“完全正相关”，而相关系数等于-1时，这个情况称作“完全负相关”。这两种情况在统计理论上是存在的，但在社会科学领域的实际研究中却很难发现。

（4）信度及效度分析

所谓信度指的是一个测试所得的分数的可信度与稳定性，也即同一群受测者在同一份问卷上测试的分数的一致性，因此信度为测量的一致性程度。信度可界定为真实分数 (true score) 的变异数与观察分数 (observed score) 的变异比例。信度是指测验分数的特性，而不是指测验或测量工具。也即某测验是可信赖的说法是不正确的，应该描述成“测验分数是可信赖的”。

目前研究最常用于测试信度的方法为 L.J. Cronbach 所创造的内部一致性 Alpha 系数，即我们常说的 Cronbach’s Alpha，来评定变量的内部一致性。Alpha 值介乎于0至1之间，但出现0或1的两个极端情况概率甚低。不过究竟 Alpha 系数要多大才算是有高的信度，不同的方法论学者对此看法也未尽相同。学者 Nunnally(1978) 认为 Alpha 系数值等于 0.70 是一个较低但可以接受的量表边间。而学者 DeVellis (1991) 则提出 Alpha 值在 0.60 至 0.65 之间最好不要，0.65 至 0.70 间是最小可接受范围，0.70 至 0.80 之间是相当好。如果介乎 0.80 至 0.90 之间则是非常好。一般而言，若这个数值大于 0.7 便代表具有相当之一致性。若低于 0.35 则是没有一致性。本研究会根据主流，也 Cronbach’s Alpha 值去判断以问卷的一致性，并删除不适当的变数。

效度是指测试分数的正确性，也就是指测试能够测量到它所想要测量的能力或功能的程度。依研究主题的不同，效度的形态可分为内容效度 (content validity)、效标关联效度 (criterion-related validity)、建构效度 (construct validity) 以及法理效 (nomological validity)。本研究采用内容效度分析，判断测量是否适合使用目的。本研究使用的问卷内容是根据过去的相关文献为依据加以修改，因此应该具有相当的内容效度。而同时，我们也会利用因素分析去审视本研究的建构效度。

（5）拟合度分析

大多数统计方法只需要一个统计检验来确定分析的意义。然而，一些统计测试是用来确定模型与数据之间的拟合度。模型和数据之间的良好配合并不意味着该模型是“正确”的。“好的模型拟合度”只是表明该模型是可行的。当报告验证性因素分析的结果，一般的情况下建议汇报下列数个项目：a) 提出的模型、b) 曾经作出的任何修改、c) 识别每个潜在变量的措施、d) 潜在变量、e) 任何其他相关信息。关于模型的拟合统计报告，在学术界中学者对汇报的项目及标准有着不同的意见，但 Kline (2010) 则建议在报告中应该包含卡方检验 , RMSEA, CFI 和 SRMR。

模型评估至少有两种方法，包括模式的绝对适配 (absolute fit) 及模式的比较适配 (comparative fit)。模式适配度的目的是作出检验，从各方面来检验理想模式是否能解释实际观察所得资料所呈现的状况，或者是说理论模式与实际观察所得数据的差距有多少。

①绝对拟合指数

绝对拟合指数确定如何以及先验模型拟合，或复制的数据。绝对拟合指数包括，但不限于卡方检验 , RMSEA, GFI, AGFI, RMR 和 SRMR 。

②卡方检验

卡方检验表明观察到的和预期的方差矩阵之间的差异，卡方的数值在 0 到 1 之间。值越接近 0 代表模型的契合度越高。预期的和观察到的方差矩阵之间的较小差异。卡方统计也可以被用来直接嵌套模型的拟合度进行比较的数据。然而，研究人员可能无法拒绝因为样本量小而导致的不恰当模型。因此，其他检测措施慢慢被开发出来。

③均方根近似方误差

均方根近似的方误差 (RMSEA) 是最佳的参数估计选择，它能避免了样本大小而导致的问题。RMSEA 的范围从 0 到 1 之间，数值越小更好地说明模型是拟合的。如果测出的 RMSEA 值是 0.06 或更小时，这样表示模型的拟合度是可以接受的。

④均方根残差和标准化均方根残差

均方根残差 (RMR) 和标准化均方根残差 (SRMR) 为样本的方差矩阵和模型的方差矩阵之间的差异的平方根。RMR 的范围是根据模型中的指针量表决定的，所以较难有一个特定的标准。而标准化均方根残差则消除了这种限制，SRMR 值的范围从 0 到 1 之间。如果 SRMR 有着 0.08 或更低的值可以反映出它是一个可接受的模型。

⑤拟合指数和调整后的拟合指数

拟合指数 (GFI) 是假设模型与观察到的方差矩阵之间的拟合量度。调整后的拟合指数 (AGFI) 则是修正了的 GFI。GFI 是类似于回归分析中的可解释变异量 (R^2)，AGFI 则类似于回归分析中的调整后可解释变异量 (Adjusted R^2)，两者都是标准化的数值，介乎于 0 和 1 之间，数值越接近 1 表示契合度越高。一般而言，学者通常会将 0.9 设定为可以接受的模型拟合的值。

⑥相对适配指标

相对适配指标中，CFI、IFI、NFI、NNFI 的值通常都会介乎于 0 到 1 之间。数值越大代表与虚无模型 (即假定测量变量之间没有任何共变情况的模型，是为最不理想的情况) 相比的改善程度越多，契合度越佳。其中最重要的为 IFI 与 CFI 指数。

⑦赋范拟合指数和非赋范拟合指数

赋范拟合指数 (NFI) 分析了假设模型的卡方值和虚无模型的卡方值之间的差异。IFI 可以处理 NNFI 波动的问题以及 NFI 受样本数影响的问题。NFI 和 NNFI 的值应该介于 0 和 1 的范围，以 0.95 或更高的截止显示了良好的模型拟合。

⑧比较拟合指数

比较拟合指数 (CFI) 通过检查数据和模型假设之间的差异，同时调整样本量的固有模型拟合的卡方检验，以分析模型的拟合度。CFI 的数值范围从 0 到 1 之间，较大的值代表模型更合适。0.90 或更大的 CFI 值通常被认为是指示可以接受的模型拟合。

（6）回归分析

回归分析的目的是探讨变量之间的关系。本研究会使用企业支持感的四个变量及员工忠诚度建立回归模型，并探讨它们之间的关系。在分析的过程中，R^2 是解释因变量的解释力；F 值则是用来检验整个回归方程式对因变量有没有解释能力；P 值则是看样本所反映出来的状况跟假设是否有明显的不同。一般而言，P 值小于 0.05 代表显著。如果 P 值大于 0.05，这样就代表变量之间没有关系，一个变量不会影响另一个变量。P 值大于 0.05 时便会推翻假设。另外，回归分析与相关性分析都可以调查变量之间的关系。但是，它们之间也有着一定的不同，回归分析是有指向性的，我们可以知道一个变量如何影响另一个变量。而相关性分析只是可以测量到两个变量之间有关系，但我们不知道变量之间如何影响对方。

（三）本章小结

本章主要是探讨本研究的研究方法，经由文献建立研究架构及假设，并确立研究主题及对象，将五个假设可视化。在参考相关研究的过程、研究方法及考虑受访者的工作性质后，我们发现大部分研究都是采用定量研究的方法，利用问卷进行。而此次的访问对象——航空业一线员工，我们知道他们的工作时间及地点非常不稳定，我们很难直接对他们进行访问。因此，本研究决定使用滚雪球的形式收集数据，将问卷以邮寄方式寄到各家企业，由企业的各个部门的主管级员工开始，将问卷分发给其下属，以增大样本的数目，避免因为数据过小的问题而导致的统计错误。本章也详细说明收集数据的过程，其中有十二个步骤。由最初的参考其他研究，到问卷制定及前测，还有最后以访谈的方法了解假设与结果不同的原因，我们在这一章也详细列举出相关的实现过程。除此之外，我们还说明了本研究所使用的分析方法。我们在研究中主要用叙述性统计分析、因素分析、相关性分析、信度及效度分析及回归分析等，在本章中对每一个项目都做了一个简单的解释。

四、数据分析及假设检验

经过文献探讨及研究方法的论述后，本章将会把研究所得的结果进行分析，由受访者的背景数据，到模型的契合度，到各变量之间的关系一步步详细的展示出来。在章末，我们还会把两次与受访者的深度访谈进行详述，让读者理解变量关系的背后出现原因。

（一）数据收集

此次研究中发放的问卷有 250 份，问卷分别以邮寄的形式寄到三家不同的内地航空企业。问卷是由各部门主管分发给一线员工。在问卷寄出后一个月，笔者在三家企业中回收问卷总共有 210 份，回应率达到 84%。此次研究的响应率较一般随机抽样的研究为高。在一般的研究中，例如随机抽样的网上访问，通常只有 1% 至 2% 的响应率。反观此次研究的响应率达到 84%，主要原因是本研究采用的是滚雪球式的抽样。受访者之间已经建立了关系，因此人们的戒心会较低，因此大多都愿意接受访问。在整理所得的问卷过程中，我们发现有部分问卷出现漏填的情况，因此在筛选过后最后得到的有效问卷只有 200 份，响应率下降 4%，刚好达到 80%。在整理所有问卷后，笔者对所得的数据进行一系列的编码及输入计算机。在员工忠诚度的维度中，有部分问题是反向的，因此我们要特别处理有关的题目。当数据整合之后，我们利用了统计学软件 SPSS 及 AMOS 对它们进行了详尽的分析，得出的结果将会在这一章中余下的部分详细表述。

（二）样本的描述性统计

此次调查总共回收200份有效问卷。在性别方面，男性受访者较女性受访者少。其中 118 人 (59%) 为女性，只有 62 人 (31%) 为男性，而剩下的 10%(20 人) 则没有对这一题问题进行回答。男女比例看似失衡，中国现在的国情是男多女少，但其实不然，本研究得到的数据与现实环境非常相符。航空公司作为一个服务行业，我们可以依靠日常的观察中发现较多的员工为女性，通过机仓服务员更容易发现这个现象。女多男少这个情况的主要原因是女性给予人们较少侵略性，航空公司普遍较愿意利用女性担当这些职位。由此可见，此次研究得到的结果是女多男少正好能显示现实情况。

表 4.1 受访者性别分布

		频率	百分比	有效百分比	累积百分比
有效	男	62	31.0	34.4	34.4
	女	118	59.0	65.6	100.0
	合计	180	90.0	100.0	
遗失		20	10.0		
合计		200	100.0		

而年龄方面，接近 80% 的受访者介乎于 25–34 及 35–44 这两个范围内。98 位 (49%) 受访者在 25–34 岁这个范围，而 60 位 (30%) 受访者则介乎 35 至 44 岁。15 位 (7.5%) 及 23 位 (11.5%) 受访者分别在 25 岁以下及 45 岁以上。这个情况也非常合乎中国的国情。在最近十年，中国人的学历越来越高，大部分人均会完成本科课程才开始工作，如果家庭较富有的话更会选择先读研读博才开始工作。若以完成本科去计算，毕业生的年龄通常是 23 岁左右。若毕业后不是一开始便加入航空业，基本上年龄很难小于 25 岁。因此，25 岁以下的员工不多是正常及合理的现象。而在本研究开首也曾经提及过，航空业一线员工因为体力不能应付、收入不稳定、需要结婚生子等因素，他们均不会在航空公司任职很长的时间，只有部分空中服务员会在任职一段时间后转职培训新员工或地勤人员。因此，45 岁或以上的职员比例也相对较低。总括而言，是此研究能展示出中国航空业的真实情况，员工较为年轻，年龄主要集中在 25–44 岁这个范围内。

表 4.2 受访者年龄分布

		频率	百分比	有效百分比	累积百分比
有效	25 岁以下	15	7.5	7.7	7.7
	25–34	98	49.0	50.0	57.7
	35–44	60	30.0	30.6	88.3
	45–54	21	10.5	10.7	99.0
	55 岁以上	2	1.0	1.0	100.0
	合计	196	98.0	100.0	
遗失		4	2.0		
合计		200	100.0		

关于受访者的婚姻状况。调查发现 125 位 (62.5%) 员工已经结婚，虽然这个数字在中国来说算不上高，但结果也算是与现实环境吻合。自古以来，中国人都非常重视家庭。中国在古时以农立国，家庭往往需要大量人员进行打理田地，而最容易得到的劳动力是由生育得来，因此中国人均偏向早婚。虽然时移世易，人们不再以务农为生，但早婚的传统依然存在，内地的适婚年龄一般来说介乎与 25 岁至 30 岁的范围，不少人在本科毕业或硕士毕业后便会结婚。本研究发现只有 62.5% 的受访者已经结婚或许是因为这个行业的工作地点及时间非常不稳定，影响了部分员工的婚姻发展。同时，近年中国迅速发展，物价飞涨，结婚所需的开支十分大。航空业一线不稳定的收入很难支持婚礼的开支。因此，笔者对这个情况并不意外，同时也与上文所述部分员工在工作一段时间后离开结婚生子的言论相符。

表 4.3 受访者婚姻状况分布

		频率	百分比	有效百分比	累积百分比
有效	单身	54	27.0	28.0	28.0
	已婚	125	62.5	64.8	92.7
	离婚	7	3.5	3.6	96.4
	分居	6	3.0	3.1	99.5
	丧偶	1	.5	.5	100.0
	合计	193	96.5	100.0	
遗失		7	3.5		
合计		200	100.0		

教育程度方面，大部分受访者只有中学 (69 位 , 36.9%) 或大专学历 (86 位 , 46%)，两者加起来已经占 82.9% 受访者。只有 15 位 (7.5%) 受访者有大学学历，而拥有硕士及博士学历的人数均为 0。这个情况与上述曾提及现时中国的高学历情况有些偏差，但事实上不然。在本文一开首笔者也曾提及过从事航空业是非常辛苦的，收入、工作地点及工作时间都非常不稳定，因此很多员工从事一段时间便会离开航空业。在社会上，人们都觉得在这个行业工作并不是什么优差，在职业上缺乏一个长远的发展，学历较高的年轻人也不愿加入。与此同时，此研究的受访者年龄范围多在 25–44 岁之间，我们可以推敲出他们多出生在 20 世纪 70 年代至 80 年代初。当时的中国仍未有着迅速的发展，很多地方仍是农村，人们升

学的机会不像现在那么多。人们若能在当时修毕本科已经是社会中的精英，毕业后均有着很好的发展机会。这一个年代出生的人教育程度不高是不争的事实。综合上述因素，因此受访者的教育程度多数只达到大专及中学是合理的。

至于常态分布方面，我们以可以发现拥有小学及大学程度的受访者人数不多，大部分集中在中学及大专程度，我们可以发现受访者在学历部分是呈常态分布的。

表 4.4 受访者教育程度分布

		频率	百分比	有效百分比	累积百分比
有效	小学	17	8.5	9.1	9.1
	中学	69	34.5	36.9	46.0
	大专	86	43.0	46.0	92.0
	大学	15	7.5	8.0	100.0
	合计	187	93.5	100.0	
遗失		13	6.5		
合计		200	100.0		

至于职位方面，此研究的受访者主要为地勤人员，共有 131 位 (68.9%)，而机组人员则有 59 位 (31.1%)。在机场的营运中，地勤人员扮演了一个非常重要的角色。从进入停机坪的那一刻起，到离开停机坪进入滑行道为止，停泊期间的所有后勤服务皆为机场地勤人员的工作范围。根据我们在本研究的定义，除了我们最熟悉的旅客服务人员之外，机坪服务人员、装卸服务人员及机具修复人员都包括在地勤人员的行列之中。因此，地勤人员较多是现实情况。除此之外，空中服务员的工作时间并不定时，而且经常需要来回不同的国家。假若与地勤人员相比，访问空中服务员是非常困难的。因此，本研究的抽样中地勤人员的数目较机组人员为多是可以理解的。

表 4.5 受访者职位分布

		频率	百分比	有效百分比	累积百分比
有效	机组人员	59	29.5	31.1	31.1
	地勤人员	131	65.5	68.9	100.0
	合计	190	95.0	100.0	
遗失		10	5.0		
合计		200	100.0		

个人资料部分的最后一题是有关工作年资的。大部分受访者都没有回答这一题问题，200 位中只有 61(30.5%) 位给予了回答。我们对这个情况也不太理解，或

许是因为他们忘记了自己的实际工作年资，因此选择不进行回答。在回答此问题的61位受访者中，他们的年资由最少的2年到最多的35年不等。而平均年资为8.54年。虽然样本数目不多，笔者不能下结论说问卷收集得来的数据能真切地反映现实情况，但结果也能作为参考，让我们大致上知道受访者的年资均不是很长。

表4.6 受访者工作年资

	样本数	最小值	最大值	平均值
工作年资	61	2	35	8.54
有效样本数	61			

总的来说，本研究的抽样合乎中国航空业的现实情况。根据上述结果，我们可以发现中国航空业的一线员工是女多男少的，比例约是6.5:3.5。此外，员工们都比较年轻，超过80%年龄介乎于25–44岁之间。因为他们在20世纪70年代到80年代出生，受教育的机会相对较少，因此82.9%员工只有中学或大专教育程度。皆因大部分的人已经过了适婚年龄，所以多于60%的受访者已经结婚。当与中国内地的情况相比，这个比率算不上很高。因为职位的人数不同，结果导致地勤人员较机组人员为多，达到接近7:3的情况。而工作年资方面，接近70%的受访者没有回答，因此我们只可以把数字用于参考。在回答的受访者其中，我们可以发现他们的年资介乎于2年到35年，平均工作年资是8.54年。

（三）量表的信度和效度检验

信度指的是一个测试所得的分数的可信度与稳定性，即同一群受测者在同一份问卷上测试的分数的一致性，因此信度为测量的一致性程度。目前研究最常使用的信度为Cronbach’s Alpha，来评定内部的一致性。在学术界，学者对Alpha值的大小并没有一个一致的定义。学者DeVellis(1991)曾经提出Alpha值介乎于0.60至0.65之间最好不要，0.65至0.70之间是最小可接受范围，而0.70至0.80之间代表相当好。如果介乎0.80至0.90之间算是非常好。一般而言，若这个数值大于0.7便代表具有相当之一致性。若低于0.6则是没有一致性。本研究会根据主流，也Cronbach’s Alpha值去判断以问卷的一致性，并删除不适当的变数。

信度的衡量有三种类型，分别是稳定性、等值性与内部一致性。稳定性指的是用同一种测验对同一群受试者，前后施测两次，然后依据两次测验分数计算相关系数。等值性所指则是交替使用一套测验的多种复本，再根据一群受试者每个人在各种复本测验之得分，计算相关系数。而内部一致性指量表能否测量单一概念，同时反映组成量表题项之内部一致性程量。我们在这个部分将会显示内部一致性。

正如上述所言，量表信度的检验考验方法为 Cronbach Alpha 系数，判定 Alpha 系数的准则有三个，分别是：1) 所有问卷题目一起执量计算 Cronbach Alpha 系数、2) 各题目单独逐题检查及 3) 每个因素构面针对其所属问卷题目，单独计算 Cronbach Alpha 系数。我们从表 4.7 中可以看到各个变量的 Cronbach’s Alpha，换句话来说即各个变量的信度。根据上述所言，变量的 Cronbach’s Alpha 若大于 0.7 便是代表可信赖的。而若低于 0.6 则是没有一致性。在本研究的六个变量其中，我们发现组织公平性 (Alpha = 0.767)、上司支持感 (Alpha = 0.723)、服务支持感 (Alpha = 0.786)、员工忠诚度 (Alpha = 0.712) 及员工正面情绪 (Alpha = 0.764) 都大于 0.7，代表它们具有相当一致性。而管理层支持感 (Alpha = 0.678) 则是少于 0.7 但大于 0.6，可见它也具备一定的一致性。当所有问题一起计算信度时，我们发现 Alpha 值为 0.728，可见它处于相当好的水平。

表 4.7 各变量的 Cronbach’s Alpha

项目	Cronbach's Alpha
组织公平性	0.767
上司支持感	0.723
管理层支持感	0.678
服务支持感	0.786
员工忠诚度	0.712
员工正面情绪	0.764
总体	0.728

效度是指测试分数的正确性，也就是指测试能够测量到它所想要测量的能力或功能的程度。简而言之，所谓效量是指衡量的工具是否能真正衡量到研究者想要衡量的问题。依研究主题的不同，效度的形态可分为内容效度 (content validity)、效标关联效度 (criterion related validity)、建构效度 (construct validity) 以及

学理效度 (nomological validity)。

内容效度指的是以研究者的专业知识来主观判断所选择的尺度是否能正确的衡量研究所欲衡量的东西。所谓效标关联效度是指使用中的衡量工具和其他的衡量工具来比较两者是否具有关联性。如果研究者要了解某种衡量工具真正要衡量的是什么，即关心它的建构效度。学理效度有时被称为“通则化的效度 (lawlike validity)”，学理效度是基于对构量和从理论建构的正式假设而来衡量项目的明确调查。本研究采用内容效度分析，判断测量是否适合使用目的。本研究使用的问卷内容是根据过去的相关文献为依据加以修改，因此应该具有相当的内容效度。其中我们发现各个变量都大致清楚地归纳到每一个因素中。因此，我们相信本研究的建构效度是可取的。

（四）变量的因素分析及相关性分析

1. 变量的因素分析

Kaiser-Meyer-Olkin Measure of Sampling Adequacy (KMO) 可测试多重共线性 (multicollinearity)，它是进行因素分析之前的初步数据检测。它是 0 至 1 的连续分数式数值，当 KMO 值越大，表示变数间的共同因素越多，越适合进行因素分析。根据 Kaiser 的观点，KMO > 0.8 表示很好 (meritorious); KMO > 0.7 表示中等 (middling); KMO > 0.6 表示普通 (mediocre);KMO > 0.5 则表示不能接受 (unacceptable)。此外，Bartlett’s 球型检定则是用来判断资料是否是多变量常态分配，也可用来检定是否适合进行因素分析。KMO 的本意也透露出在进行因素分析时样本量是否足够的问题。如果样本数量不足，那么这个值也就无法达到使得人满意的数字。根据表 4.8，我们可以发现本研究的 KMO 为 0.753，它大于 0.6 这个水平，所以本研究的 KMO 是处于中等水平。

Bartlett’s Test of Sphericity 是用来测量一个变量，因此应具有一定的相关程度，当 Bartlett 检定达显著 (p =0 .000)，即表示此题组具有共同之因素 (一或数个因素)。根据表 4.8 显示，本研究的 Bartlett’s Test of Sphericity 达到显著水平 (df = 1176, p = 0.000)。这样表示样本间的相关系数不同且大于 0，足以作为因素分析抽取因素之用。本研究采取主成分分析法 (Principle Component Analysis)，并且假定各因素之间无关联，以最大变异法 (Varimax) 做直交转轴 (Orthogonal Rotation)，以建立因素之间最简单的结构，寻求因素区隔的最大可能性。

表 4.8 KMO and Bartlett's 测试

Kaiser-Meyer-Olkin 取样适切性量数		0.753
Bartlett's 球形检定	卡方值	4631.560
	自由度	1121
	显著性	0.000

因素分析的主要目的是找出数据结构，以少数几个因素来解释一群相互有关系存在的变量，而又能到保有原来最多的信息，再对找出的因素进行命名，如此方可达到因素分析的两大目标：资料简化和摘要。此外，因素分析也能求得量表的“建构效度”(Construct Validity)。以较少的构念代表原来较复杂的数据结构。所谓效度是指测验分数的正确性，换句话说是指一个测验能够测量到它所想要测量的心理特质的程度。因素分析可以认定心理学上的特质，借着共同因素的发现而确定观念的结构成分，根据量表或测验所抽取的共同因素可以知道测量的特质和态度为何。

表 4.9 旋转后的因子矩阵

	因素					
变量简称	因素 1	因素 2	因素 3	因素 4	因素 5	因素 6
IJ1	0.806	−0.088	0.048	0.052	−0.041	0.078
SS1	0.783	−0.090	0.026	00.058	0.072	0.061
DJ1	0.754	−0.216	0.061	−0.100	−0.235	0.079
PMS1	0.731	−0.026	0.292	0.008	−0.047	0.055
PE1	0.726	0.179	−0.240	0.114	−0.057	−0.031
PJ1	0.714	0.148	0.081	0.224	0.077	0.006
SS2	0.610	0.115	−0.044	0.225	0.043	0.047
IJ2	0.608	0.087	0.175	0.341	0.050	0.012
PJ2	0.584	0.023	0.018	−0.176	0.256	0.015
DJ2	0.536	−0.096	0.278	−0.032	−0.196	0.087
CS1	0.530	0.143	0.315	0.495	0.000	0.037
PMS7	0.523	−0.044	0.302	−0.105	0.002	−0.273
PMS5	0.495	−0.028	0.154	−0.257	0.135	−0.449
IJ3	0.395	0.187	0.303	0.237	0.071	0.157
SS3	0.392	0.162	0.072	0.229	0.284	−0.004
PJ3	0.364	0.168	0.291	−0.151	0.202	−0.062
EL3	0.311	0.264	0.096	0.198	0.291	0.191

（续表）

PE5	−0.071	0.781	0.182	0.073	−0.057	−0.071
PE3	0.245	0.696	−0.046	0.116	−0.160	−0.165
PE4	0.080	0.658	0.075	0.153	−0.043	−0.086
EL5	0.066	0.548	0.114	0.029	0.207	0.256
EL6	−0.184	0.542	0.361	−0.013	0.153	−0.030
PE2	0.483	0.530	−0.287	0.189	−0.120	−0.089
EL1	−0.192	0.521	−0.148	−0.067	0.165	0.432
EL4	−0.085	0.348	0.045	0.112	0.185	0.123
DJ4	−0.078	−0.021	0.622	−.101	0.061	0.137
PJ6	−0.287	0.128	0.601	.000	0.210	0.021
IJ4	0.018	0.173	0.569	.185	−0.049	−0.052
DJ3	0.174	−0.095	0.496	−.094	0.126	0.252
PJ5	0.002	0.042	0.489	−.234	0.242	−0.085
PJ4	0.256	0.182	0.412	−.091	0.253	−0.020
CS3	0.195	0.128	−.053	0.790	0.011	0.036
CS2	0.377	−0.020	−0.318	0.648	0.033	0.069
CS4	−0.099	0.202	−0.020	0.647	0.108	0.030
PMS8	0.342	−0.163	−0.266	0.343	−0.186	−0.096
SS6	0.044	−0.050	−0.019	−0.156	0.638	0.079
SS7	0.030	−0.062	0.183	0.097	0.548	−0.142
SS5	0.062	−0.018	0.173	0.080	0.489	0.086
SS4	0.175	0.113	0.227	0.223	0.484	−0.051
EL9	−0.197	0.415	−0.208	0.000	0.479	0.093
EL8	−0.136	0.425	0.193	−0.031	0.451	0.118
PMS6	0.171	−0.111	−0.070	−0.260	0.339	−0.133
SS8	−0.162	0.026	0.288	0.289	0.330	−0.255
PMS4	−0.078	−0.198	0.026	0.104	0.328	0.306
PMS3	−0.217	0.043	−0.089	−0.046	0.068	0.729
PMS2	0.047	0.023	−0.248	−0.130	−0.112	0.723
EL2	−0.014	0.404	−0.129	−0.017	0.197	0.556
EL10	0.348	−0.025	0.081	−0.275	−0.022	0.419
EL7	0.316	0.210	−0.195	0.293	−0.064	0.330

在进行因素分析时，本研究采用SPSS内定的萃取方法——主成分分析。而转轴的方法是利用最大变异法。由上表得出的因素分析结果可以看出，本研究的测量问项大都有效地聚合到各个构念中。其中只有因素1包含了较多建构问题，包括组织支持感、员工正面情绪及管理层支持感等。因素2主要包含的是员工忠诚度的建构，而因素3主要是组织公平感建构中的变量。另外，CS2、CS3及CS4都是在因素4中，可见这个因素所指的是服务支持感。而因素5主要的题目包含了上司支持感的项目。最后，因素6主要的项目是管理层支持感。每一个题目所对应之构面因素负荷量必须接近1，但在其他构面的因素负荷量必须接近0，表示具有区别效度。一般而言，如果构面因素的载荷小于0.4，研究员都不会利用。

由上表结果发现，大部分的构面因素均大于0.4，而相同建构的因素都大致上聚集在一起，因此我们可以说本研究的各个测量问题的因素都是结构稳定的。

2. 变量间的相关性分析

相关分析旨在探讨两个变量之间的关联程度 (degree of association)。在统计学上，两个变数间的关联程度，常以"相关系数" (correlation coefficient) 来表示。相关系数有两个特性。第一，相关系数大小的绝对值越大，表示两个变量之间的关联性越强。绝对值越小，表示两个变量间的关联性越弱。第二个特点，相关系数的正负表达了两个变量之间是正向还是反向的关系。如果相关系数为正，表示一个变量增加 / 减少，另外一个变量也会同时增加 / 减少，此种相关方向为正相关。如果一个变量增加 / 减少，另一个变量则会减少 / 增加，这样的情况则是负相关。

相关系数可以表示相关的程度 / 强弱 (magnitude) 与方向 (direction)。用来测量两个变数间的关联程度之相关系数的值介乎于 –1 与 1 之间。当系数的值为 0 时，称为"零相关"、相关系数的值大于 0 时，称为"正相关"、而相关系数的值小于 0 时则称为"负相关"。相关系数为 1 时，代表两个变量"完全正相关"，相关系数等于 –1 时，称作"完全负相关"。这两种情况在统计理论上是存在的，但在社会科学领域的实际研究中却很难发现。

表 4.10 变量的相关性列阵

		组织公平性	上司支持感	管理层支持感	服务支持感	员工忠诚度	员工正面情绪
组织公平性	Pearson 相关性	1					
	显著性 (2–tailed)						
	样本数	200					
上司支持感	Pearson 相关性	0.473**	1				
	显著性 (2–tailed)	0.000					
	样本数	200	200				
管理层支持感	Pearson 相关性	0.347**	0.347**	1			
	显著性 (2–tailed)	0.000	0.000				
	样本数	200	200	200			
服务支持感	Pearson 相关性	0.108	0.263**	0.382**	1		
	显著性 (2–tailed)	0.127	0.000	0.000			
	样本数	200	200	200	200		

（续表）

员工忠诚度	Pearson 相关性	0.164*	0.244**	0.355**	0.139*	1	
	显著性 (2-tailed)	0.021	0.001	0.000	0.049		
	样本数	200	200	200	200	200	
员工正面情绪	Pearson 相关性	0.209**	0.256**	0.327**	0.310**	0.340**	1
	显著性 (2-tailed)	0.003	0.000	0.000	0.000	0.000	
	样本数	200	200	200	200	200	200
** 相关性的显著度在 0.01 水平 (2-tailed)							
* 相关性的显著度在 0.05 水平 (2-tailed)							

根据表 4.10，我们发现服务支持感与组织公平感没有关系 (p = 0.127)，它们的关系是不显著的。至于本研究的模型建构中的变量关系，上司支持感与员工正面情绪的关系是 0.256(p=0.000)；而管理层支持感与员工正面情绪的关系是 0.327 (p=0.000)；服务支持感与员工正面情绪的关系是 0.310(p=0.000)；员工正面情绪与员工忠诚度的关系是 0.340 (p=0.000)；组织公平性与员工正面情绪的关系是 0.209 (p = 0.003)；而组织公平性与员工忠诚度的关系是 0.164 (p = 0.021)。因此，所有变量之间的关系都是正面的，且是显著的。

（五）整体模型及假设检验

1. 拟合指标

本研究模型的卡方值 (Chi-square) 为 3453.929。卡方值越小越好，但现在没有一个标准确定大小是否理想。而模型的自由度 (Degrees of freedom) 是 1121。当样本数越大时，样本平均数的 t 分布之变异量便降低，使样本标准偏差可用来估计母体标准偏差的可信度提高。自由度的大小可用来当作该样本推测母体表现的可信度的指标。自由度越大表示模型越精简。当自由度大于或者等于 30 时，样本平均数的 t 分布近乎标准常态分布。因此，我们可以知道本研究的样本数目足够，结果值得信赖。而在这个模型中 CMIN/DF 是 3.081。这个数值的理想值为 1 至 3 之间。因此，本研究的模型非常接近最理想的水平，所以它是在可以接受的。

表 4.11 反映模型拟合度的项目

	NPAR	CMIN	DF	P	CMIN/DF
模型	104	3453.929	1121	0.000	3.081

NCP 是为降低样本对 x^2 统计影响而发展出来的。在本研究中，NCP 的值为

1051.33，由于NCP并无统计检验的准则依据，故多半是在比较各竞争模式时才使用的指标(黄芳铭,2004)。GFI是类似于回归分析中的可解释变异量(R^2)，AGFI则类似于回归分析中的调整后可解释变异量(Adjusted R^2),两者都是标准化的数值，越接近1表示契合度越高。一般学者建议GFI与AGFI的值大于0.9为良好契合度(Hu and Bentler, 1999)。在本研究中，GFI的值为0.86，而AGFI的值为0.83，接近0.9的门坎，虽然并不是十分理想，但依然尚可接受。RMR以及SRMR都是反应假设模型的整体残差，其值越小代表模型的契合度越佳，不过RMR没有一个标准化的特性，无法具有判断准则，因此多用标准化后的SRMR进行检验。Joreskog and Sorbom (1982) 认为，SRMR应该要小于或等于0.05；而学者Hu and Bentler (1999)则以0.08为接受值(邱皓政,2006)。本研究的SRMR为0.16，并不符合Jorekog and Sorbom (1982) 或 Hu and Bentler (1999) 所定下的门坎，显示本研究假设模型之参数估计未能良好的反应观察资料的变异量。RMSE则是近年来受到重视的指标，主要是比较假设模型与完美模型的差距程度，差距越大代表模型越不理想，指针小于或等于0.05为“良好的适配”，0.05到0.08为“不错的适配”，0.08到0.10为“中度的适配”，大于0.1为“不良的适配”。本研究RMSEA值为0.13，刚刚落入不良适配的范围。根据学者Bentler and Yuan (1999) 指出，RMSEA在小样本时会有高估数值的现象，使契合模型会被视为不理想的模型。学者Boomsma (1982)则认为400份左右的问卷样本数产生的统计结果最适合，而低于200份的样本则不足够，容易导致无法聚合，也容易产生不适当。本研究之有效样本数为200，刚刚符合200份到400份之间的最低要求。由CN值可以检验样本规模的适切度，本研究的CN值为186.81，离门坎值200有一段小距离，发现本研究的样本略嫌不足，推测可能因此造成RMSEA值高估的状态。

相对适配指标中，CFI、IFI、NFI、NNFI的值通常都会介乎于0到1之间。数值越大代表与虚无模型(即假定测量变量之间没有任何共变情况的模型，是为最不理想的情况)相比的改善程度越多，契合度越佳。其中最重要的为IFI与CFI指数，IFI可以处理NNFI波动的问题以及NFI受样本数影响的问题，CFI可用于小样本的分析，本研究IFI值为0.70，CFI值为0.68，与学者建议的接受值0.9有着一定的距离，并不是非常理想，表示模型仍有改善空间。不过，相对适配指标为人诟病之处就是门坎的设定标准，指标以0为起始值，表示完全缺乏适配，1

为终值，表示完美适配，究竟什么程度称为理想，而学者设定的0.90门坎是否太过严苛都尚待讨论(黄芳铭,2004)。以本研究IFI值来看，仅可知道假设模型较虚无模型改进了70%。

表4.12 整体适配指标

绝对适配指标	数值
Estimated Non-centrality Parameter (NCP)	1051.33
Goodness of Fit Index (GFI)	0.86
Adjusted Goodness of Fit Index (AGFI)	0.83
Root Mean Square Residual (RMR)	0.14
Standardized RMR (SRMR)	0.16
Root Mean Square Error of Approximation (RMSEA)	0.13
相对适配指标	数值
Normed Fit Index (NFI)	0.55
Non-Normed Fit Index (NNFI)	0.60
Comparative Fix Index (CFI)	0.68
Incremental Fit Index (IFI)	0.70

从整体适配度指标来看，本研究模型表现不是很好，但仍有改善的空间。然而，除了模型之外，观察数据也会影响到适配的检验。从本研究来看，由于航空企业一线员工的工作时间和地点都有很大限制，进行调查时很难与他们接触，因此较难收取大量样本，以减低抽样变异性，可能因为某些不稳定的数据造成模型适配度表现不好的状况。此外，本研究的问卷是以邮寄方式发送，虽然成本较为低廉，但也有一些缺点，例如问卷的题目较多，受访者可能会觉得不耐烦而草率填写。本研究的某些变量加入了反向问题来控制随意填答的情况，但当受访者某些答案出现一些矛盾时，无法像一对一访谈时可以直接询问。航空业一线员工的工作比较繁忙，未必能详细阅读题目后作答，使得受访者填答可能出现问题。上述问题都可能会影响数据的质量，造成统计分析时的困扰。在未来的研究可以增加样本的数目，并精进问卷设计，或者辅以其他方式来进行研究。

2. 结构方程模型分析

相关性分析虽然可以知道变量之间是否存在关系，但是它并没有指向性。我们不知哪一个变量对另外一个变量引起影响。因此建立模型并利用回归分析变量之间的指向性是有必要的。在利用回归方式运算后，这一部分将会把先前定下的结构方程模型展示出来，并将会列出变量与变量之间的影响。结果在图4.1及表4.13

中详细展示。

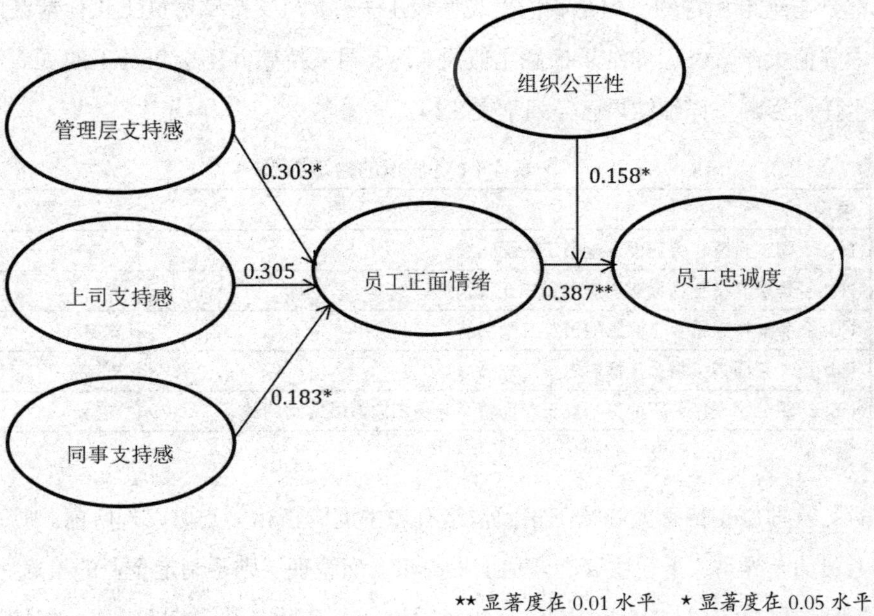

图 4.1 结构方程模型

表 4.13 变量之间的关系

因素	R-Square	P 值
上司支持感对员工正面情绪的影响	0.305	0.871
管理层支持感对员工正面情绪的影响	0.303	0.020
服务支持感对员工正面情绪的影响	0.183	0.043
员工正面情绪对员工忠诚度的影响	0.387	0.003
组织公平对员工正面情绪与员工忠诚度之间关系的影响	0.158	0.007

根据图 4.1 所示，管理层支持感将会中度正面影响员工正面情 (R-Square = 0.303, p = 0.02)。同样地，同事支持感也会正面影响员工正面情绪 (R-Square = 0.183, p = 0.043)，但其影响力较弱。另外，员工的正面情绪与员工忠诚度有着中等程度的正相关 (R-Square = 0.387, p = 0.003)。而结果显示组织公平性正面影响员工正面情绪与员工忠诚度 (R-Square = 0.258, p = 0.007)。虽然大部分变量之间的关系成立，但是上司支持感对员工正面情绪的影响这一部分 p 值大于 0.05，因此我们可以总结他们之间并没有任何关系，上司支持感不会对员工正面情绪带来影响。

根据上述结果，我们可以发现本研究的大部分假设都成立，假设2、3、4、5都是与结果相符的。但是我们发现假设1——上司支持感对员工正面情绪的影响中p值大于0.05，即结果推翻了假设1，上司支持感并不会对员工的正面情绪产生任何影响。详细结果已经列于表4.14：

表4.14 各假设的检定结果

假设	检定结果
H1: 上司支持感将会正面影响员工正面情绪。	不支持
H2: 管理层支持感将会正面影响员工正面情绪。	支持
H3: 服务支持感将会正面影响员工正面情绪。	支持
H4: 员工正面情绪将会正面影响员工忠诚度。	支持
H5: 组织公平性将会正面影响员工正面情绪与员工忠诚度之间的关系。	支持

管理层支持感就和员工正面情绪有着中度的正相关是可以理解的。管理层与上司的差异是，上司主要在营运上做决策，而管理层则是制定企业的策略。因此，管理层的决定可以完全左右整个营运过程，直接影响到员工的工作。例如：管理层决定增加人员，减少工作过程中的多余步骤，这样就可降低员工的工作压力，在日常工作中更顺利及方便，同时也可以有更大的自由度让他们在需要时休假。此外，薪酬的决定权在管理层的手上。薪酬对员工是非常重要的，它是大部分员工的工作目标。如果管理层能对员工有着政策上的帮助，员工一定会变得更开心。因此，管理层能有效增加员工的正面情绪是不难理解的。

本研究调查的是航空业一线员工，因此员工往往要面对顾客，顾客的态度与反应会大大影响到工作的难度。例如顾客遇到票务上的问题，导致不能顺利登机，这样顾客多半会向一线员工动怒。使得员工的工作变得复杂，同时会被顾客的语言伤害到自身的情感。困难的工作及不好的顾客态度会增加员工的负能量。支持同事如果能为顾客提供优良的服务，顾客便会有更大的机会怀着愉快的心情，最终能让很多顾客与员工之间不必要的冲突避免。因此，同事的服务支持感越强，即支持同事对顾客的服务质量越高，员工的正面情绪就越有可能提升。但是，这两个变量只是呈现一个比较弱的关系。原因可能是因为企业内存在着人与人之间的竞争。如果同事的表现良好，自身的加薪幅度或晋升机会可能会受到一定的影响。从现实的角度去看，同事们过于优良的服务会为员工自身带来压力及负面影响。而且员工往往不知道顾客的不满是否由支持同事所引起的。因此，同事支持感与员工的正面情绪有着一个较弱的正关系。

员工正面情绪对员工忠诚度有着一个中度的正面影响。员工忠诚度指的是员工对企业的看法、离职意愿等。当员工怀有正面的情绪，他们会更容易在工作中有着好表现，也更有动力为企业效力。而所有的事情都会用一个包容的心态去处理，使得他们对离职意愿及企业未来发展有正面的影响。如果员工因为种种原因而感到不快，他们感到的不满便会有所增加。尤其是工作上的事情影响了员工的正面情绪，他们会更容易因此而离开现有的企业，找寻一个自己能开心工作的地方。因此，他们的情绪越正面，他们便会对企业有更正面的看法，离职的想法也会更低。总的来说，两个变量之间有着这样的关系是不难理解的。

组织公平感将会正面影响员工正面情绪与员工忠诚度之间的关系。组织公平感是企业对事情的处理是否公平、分配的结果是否公平及人们在得到信息的时间是否统一。在上述我们解释了员工正面情绪为何能正面影响员工忠诚度。当组织处事不公平的时候，人们便会有很多不满。例如组织对员工奖励不公平，在处理事情上没有聆听员工的意见，信息的传递也会因为与决策者有关系而有所差别，员工必定会觉得难以接受。因为企业的公平与否对员工的利益有着一个很直接的关系，尤其是分配公平性。如果对员工的奖励多寡没有一个原则，或是不按照员工的表现而改变，这样努力的人薪酬便会因此而受到影响。毕竟薪金对员工来说是一种实在及重要的补偿及支持。即使员工在工作中得到正面的情绪，但长期的不公平会影响员工的利益，最后必定会萌生离职的想法。相反地，如果组织处事公平，员工的情绪也正面，员工会认为企业给他们一个很好的对待，离职的想法必定会有所减少。在中国人的社会里，人们非常看重情义，所以组织能公平处事，员工也正面，这样员工必定会为企业尽心尽力。因此，组织公平感能正面影响员工正面情绪与员工忠诚度之间的关系是能理解的。

无论强或弱的上司支持感都会对员工造成不同的影响。例如：Kalliiath and Beck (2001) 的研究指出强的上司支持感会减少职业倦怠及离职意愿。而 Munn, Barber and Fritz (1996) 的研究发现，上司支持感是用以预测员工工作满意度及离职意向的最好项目。Hatton and Emerson (1998) 的研究得到的结果是弱的上司支持感会增加员工离职机会。Hutchison (1997) 的研究则指出上司关心及支持与情感承诺

(affective commitment) 是呈现正向关系的。因为上司作为一家企业的代理人，他们需要直接负责指导、评估及支持他们的下属。而且正如上述而言，上司在很大程度上就是组织的象征、组织的延续 (Eisenberger et al., 1986)。直属上司是企业与员工之间的桥梁，而他们也有能力直接向自己的下属下达公司的命令。原因可能是因为人员短缺，上司基本上很难去调动员工，因此上司失去了其功能，最终导致上司支持感不能影响员工忠诚度。因为这个结果让我们有点意外，所以我们将会利用访谈去探讨其中的原因。

3. 实证结果的进一步验证

因为本研究的分析结果与我们的假设存在不相符的情况，所以我们对 200 位受访者进行了随机抽样访谈。抽样的目的是要从“合适的”访谈对象那里得到第一手数据，而什么是合适的访谈对象，涉及所选择的访谈对象的数量和性质，而这一切，都与抽样的方法有关。虽然在质性研究中数量不是“科学”——能进行一般化概括的因而要求抽样符合概率原则的要求。这里的“足够”并不是一定要很多，太多的受访对象可能会导致无法综合出有用的数据，与较少的人进行访谈能更深入理解他们的想法，让我们获得足够多的范畴解释。这也是遵从着 Crabtree and Miller (1991) 所说的用更多的时间，更多的关注，与较少的人进行访谈，要好于和更多的人进行泛泛的不够深入的会谈。因为时间比较紧张，而且受访者上班的时间不定，笔者也很难与受访者会面。经过对受访者的工作时间及这个研究的资源的详细考虑，在本研究中，“合适的”访谈人数定为两个，其中包括一位地勤人员和一位空中服务员。

访谈中需要尽量与受访对象有着一致的自然态度，因此“熟悉”是必需的。在这里“熟悉”所指的不单是与受访者建立关系，减少双方因为背景差异而带来的不同，以了解到他们对事情的真实想法。“熟悉”也需要选出一个熟悉的环境，让受访者能在接近日常生活的环境中畅所欲言。除此之外，因为受访者上班时间及地点不定，为了方便访谈，增加人们接受访问的意愿，因此本研究在访谈的选址方面选择了机场的餐厅。而访谈过程中的内容会以笔录的形式记录。笔者会将本研究的五个假设变成问题，让受访者解释为何会出现结果中的情况。其中两位受访者的的访问内容总结如下：

受访者一（空中服务员）：

问题："你认为为何上司的支持不会使得你的正面情绪有所改变呢？"

回答："我认为上司对我的帮助不多。有一次我的儿子在学校因为与同学打架而需要我到学校了解情况。当时我在上班的途中，所以我立即和我的上司请假，希望能尽快到学校善后。但我的上司认为人员并不充裕，也很难立即找到替代的同事，因此拒绝了我的要求。最后，需要由我的丈夫请假到学校处理事情。虽然我感到不满，但我也明白上司只是一个执行者，他需要的是确保程序运作正常，他的权力不足以帮助我们争取什么，因此我觉得他的支持不能增加我的正面情绪。"

问题："上司支持不会使得你的正面情绪改变，但为何管理层的支持则可以呢？"

回答："我觉得管理层对我的影响比较大。我们的薪酬调整基本都是管理层的意思。我们虽然没有什么机会和管理层接触，但我们知道管理层都会关注我们的想法。譬如在薪酬上，管理层每年都会应市场情况进行调整。虽然加薪幅度并不是很高，但至少我觉得我的薪酬处于合理的水平。当然，我觉得现在一些政策上，如紧急事件的休假、工作的编排等，可以做得更好。假若管理层能推出一些好的政策，我相信我的情绪会变得更加正面。"

问题："你对支持人员的支持感正面改变你的正面情绪有什么看法呢？"

回答："支持人员的良好支持当然可以使得我们有着更好的心情。作为一个空中服务员，我们每日要面对大量的客人，他们的心情好坏往往会影响我们是否能顺利完成工作。譬如支持人员对航班延误的手法处理，如果他们做得不好就会使得乘客充满怨言。有一次因为航机机件出现问题，我们需要作出紧急维修。本来维修人员认为两个小时内可以将问题解决，因此地勤人员决定不派发餐券给顾客。结果，航班延迟了四个小时，顾客对此非常不满，在航班上也对我们作出投诉，要求我们向公司反映。部分顾客更将不满情绪发泄到我们身上。如果支持人员派发餐券给乘客，他们可能会觉得得到补偿而少一点不满。因此，我觉得支持如果做得不好会在一定程度上影响我们的正面情绪。”

问题：“你认为正面情绪如何正面影响你的组织忠诚度，例如减低离职意愿及勇于告诉别人你是这家企业的员工？”

回答：“工作地点是我生活中花上最多时间的地方。如果我觉得不开心，经常带着负面情绪，这样会严重影响我的生活。如果出现这样的情况，我怎么可能会和别人说公司的‘好事’，我更会考虑离开这家企业。工作除了需要有一个合理的工资外，我还认为需要有舒适的工作环境，不能有太多影响正面情绪的东西。所以我认为两者之间有所关联是很合理的。”

问题：“你对组织公平感正面影响员工正面情绪与员工忠诚度之间的关系有何看法？”

回答：“组织公平当然会对正面情绪与忠诚度之间的关系有所影响。组织公平最重要是给予合理的薪酬，如果论功行赏的话，如果在工作时感到开心，组织行事也公平时，我会对企业更忠诚。相反地，如果组织行事不公正，奖励的只是当权者的亲信，努力工作的人得不到奖励。这样的话，无论在企业中带给我什么正面感觉，我都认为自己不会对它忠诚，甚至我会很快离开。之前我和朋友聊天的时候听说有一位高层成员的女儿加入了她所工作的企业，成为了负责服务顾客的地勤人员。她经常迟到，而且出现了不少错误。不过她并没有被惩罚，反而在一段时间后升职了。虽然不是发生在我自己身上，但是我也理解到我朋友的不满。这样用人唯亲，胡乱奖励，自身的背景强就好像可以胡作非为一样，在这样的企业工作我觉得没有什么发展前景。最近，我的朋友也因为种种的不满而离开了那一家企业。”

受访者二（地勤人员）：

问题：“你认为为何上司的支持不会使得你的正面情绪有所改变呢？”

回答：“主要原因是我认为上司的权力很有限。上司最大的权力只是在编排假期时作出一些调整。但现在人员有限，上司很多时候也未必可以满足一线员工的休假要求。而且在一些大问题上，例如薪酬的调整，我认为上司不能对我们有什么实际帮助。甚至在管理层下达一些不合理的政策时需要跟从管理层的意思去办。上司的权力太小了，受到的限制也很多，因此并不能对现实带来什么改变。相反地，我之前在银行的分行当柜员，我认为我们的领导有着一定的权力，至少他在日常工作中能帮我解决一些困难局面，更重要的是可以尽力按照我的意愿安排休假。不像现在，我希望休假出外旅游也有困难。因此，我觉得在航空业中上司支持不能增加我的正面情绪。”

问题：“上司支持不会使得你的正面情绪改变，但为何管理层的支持则可以呢？”

回答：“正如上述所说，上司的权力很有限，但是管理层就不同了，他们是企业的最高决策者，可以在薪酬、休假等政策上带来改变。譬如管理层重视我作出的贡献，每年在薪酬上作出一定的调整，我相信我会感受到管理层的支持，并会增加我的正面情绪。另外，如果管理层能关心我的工作的总体满意度，每一个特定时期，例如每季或每半年一次，让员工表达意见的机会，管理层可以透过这些意见进行一些政策上的改善。当然一些不合理的意见管理层也不用聆听，但至少让员工有机会表达自己的感受，管理层也可以按照我们的实际需要制定政策。”

问题：“你对支持人员的支持感正面改变你的正面情绪有什么看法呢？”

回答：“支持人员的支持能为我们带来正面情绪。地勤人员每日都要面对着大量的客人。因为客人多半在最后的时间才到服务柜台办理手续及将行李寄存。如果客人在票务上有什么问题，这样对我们的工作便会带来很大的影响。虽然我们有其他同事的协助，但是要协助客人处理票务上的问题会减慢我们的柜台效率。在这些紧急情况下，客人再看着柜台工作效率低下必定会感到焦躁不安，最终导致顾客的反感，向我们表达不满，甚至向我们发飙。在这样的情况下，我们很难会有正面情绪。曾经有一次因为计算机系统出现问题，我们在计算机系统里找不到一位已经购票的顾客名字。该顾客说他不能延误行程，因为他要谈一单大生意。他当时大吵大闹，差一点要找保安人员协助。最后计算机部门将问题解决了，但是那一天我的心情很不好。所以，我觉得支持如果做得不好会在一定程度上影响我们的正面情绪。”

问题：“你认为正面情绪如何正面影响你的组织忠诚度，例如减低离职意愿及勇于告诉别人你是这家企业的员工？”

回答：“对我来说其他部门的支持质量最影响我的情绪。如果他们经常出错，例如票务安排上失当，我们在日常工作上会遇到很多问题，影响我们的情绪。如果每日都被别人责骂，我相信我会离开这家企业。我不希望每天被别人责骂，负面情绪不但会影响我的工作表现，最重要的是会严重影响我的日常生活。如果我感到快乐，当我有朋友希望换工作时，我可能会将我们的企业推荐给他/她。所以我确信员工正面情绪会正面影响员工忠诚度。”

问题：“你对组织公平感正面影响员工正面情绪与员工忠诚度之间的关系有何看法？”

回答：“组织公平在我的角度中是合理地对待员工，包括给予合理的薪酬、让员工表达自己对企业的不满等。如果企业能事事做到公平，当我有着正面情绪时，我将不会考虑离开企业，我更加不会对朋友说一些中伤企业的话。相反地，如果组织行事不公正，薪酬与市场价格脱节，不肯听取员工的声音。如果出现这样的情况，即使其他人给予我正面感觉情绪也不可能让我对该企业忠诚。在工作中，我认为最重要是赚取薪酬及发展自己的事业。不公平的对待会严重影响到薪酬及事业发展，因此我赞同组织公平感可以正面影响正面情绪与员工忠诚度之间的关系。”

在访谈中，我们最重要的发现是一线员工对上司的权力有所怀疑，他们均认为上司的权力非常有限，在大事上不能帮忙，甚至有可能被逼服从管理层的命令。而在日常营运中，上司因为人员及资源短缺等限制而不能为一线员工带来任何便利，甚至连休假申请也不能答应。其中一位受访者认为上司的权力不足是航空业中独有存在的问题，如果在银行业，上司能有着自己的决定权限，权限不足的情况会较少出现。因此，经过访问后，我们假设不成立的原因是上司权限不足所引起的，这是航空业与其他行业之间的不同。可见这个结论是合理的。

而另外四个假设成立的原因和我们所预期的差不多。管理层能提升员工的正面情绪是因为他们能左右企业的政策，在一些实际的操作上，例如薪酬及假期的增加，管理层都能为员工带来利益。因此，管理层支持感与员工的正面情绪呈正关系。而服务支持感方面，航空业作为服务行业，员工每每都要与顾客接触。如果支持同事的服务水平不能使得客人感到满意，这样便有机会使得客人感到不满，增加服务难度。所以服务支持感越高，一线人员遇到的顾客问题会相对较少，继而使得他们因为顾客的嘉许而提升正面情绪。另外，员工正面情绪能正面影响员工忠诚度是很容易理解的。工作占据了人们大部分的日常时间，如果工作上经常遇上很多问题，员工的正面情绪很容易因此而消失，导致他们很容易充斥着负面的思维，对企业的各方面都感到不满，甚至选择离职。可见员工正面情绪会正面影响着员工忠诚度。最后，组织公平感作为调节变量正面影响。因此，我们相信本研究的数据分析所得出的结果是准确及可信的。

（六）本章小结

本研究利用了滚雪球式的方法收集数据，将问卷邮寄给内地航空企业部门主管，并让他们分发问卷给其下属。在研究中，我们总共派发 250 份问卷，收回的问卷有 210 份，但其中 10 份问卷有严重的漏填情况，因此我们最后得到的问卷数目为 200 份，响应率达到 80%。

经过数据分析后，我们发现本研究的抽样是与现实情况相符的。在本研究中，我们发现此次抽样是女多男少的。航空业是服务行业，大部分聘请的均为女性，所以有这样的结果并不奇怪。他们的工作年资由 2 年到 35 年不等，而平均年资为 8 年左右。这个情况应验了员工不会在行业工作太久的情况。而因为他们年资较浅，所以有 8 成以上的受访者在 25–44 岁的范围以内。此外，有超过六成的人已经结婚。看上去好像有一个很高的比率，但中国的传统是早婚的，人们的适婚年龄一般是在 25–30 岁左右。在航空业中，工作地点及工资的不稳定影响了人们的婚姻发展。因此，在中国内地来说，只有六成受访者是已婚人士并不算高。最后，因为航空业工作比较辛苦，年轻有学历的人都不愿意加入。而且部分员工出生在 20 世纪 70 年代至 80 年代初，当时中国尚未发展，人们升学的机会不多。所以，本研究的受访者大部分只有中学到大专学历。

而本研究的信度和效度都是可接受的。一般来说，Cronbach's Alpha 的值大于 0.6 时，该量表的信度是值得相信的。在本研究中，各变量的量表 Alpha 值都大于 0.7，只有管理层支持感这个变量的 Alpha 值小一点是 0.678。总体的信度也达到 0.728，因此本研究的变量的信度是可接受的，并不用删除任何问题。另外，效度方面，因为本研究的测量工具是利用学者之前的研究的量表修改而成的，所以效度方面是绝对值得信赖的。而我们也发现当进行因素分析之后，本研究个测量问项大致有效地聚合到各自构面中。其中只有因素 1 包含了多个建构的问题。而我们可以发现 CS2、CS3 及 CS4 都是在因素 4 其中，可见这个变量是非常成功的。

当谈及整体模型时，本研究模型的卡方值 (Chi-square) 为 3453.929。卡方值越小越好，但现在没有一个标准订明值的大小是否理想。而模型的自由度 (Degrees of freedom) 则是 1121。自由度越大表示模型越精简。当自由度大于或者等于 30 时，样本平均数的 t 分布近乎标准常态分布。因此，我们可以知道本研究的样本数目足够，结果值得信赖。而在这个模型中 CMIN/DF 是 3.081。这个数值的理想值为 1 至 3 之间。因此，本研究的模型非常接近最理想的水平。

而最重要的部分是假设检验。我们利用了 SPSS 及 AMOS 两个统计学软件，运算研究定下来的模型。最终发现结果是支持假设 2、3、4、5 的，但是假设 1 便因为显著值太大而并不成立。因为研究结果与假设 1 之间出现了偏差，我们希望了解其中的原因，因此我们在众多受访者中进行了抽样调查，试着让他们解释为何会出现这种结果。因为时间比较仓促，而且航空业一线员工工作时间及地点不稳定，笔者很难与他们会面，因此本研究只是向两位受访者进行了访问。经过访谈后，我们发现假设 1 不成立的原因是因为上司的权力不足。员工多认为他们的上司只是一个执行者，在大事上，例如加薪、争取福利等，上司通常只是有心无力，并不能满意他们的要求。在一般日常运作中，例如请假，上司也因为一线人员不足而有所限制。因此，员工并不会因为上司的行动而增添正面情绪。

研究结果支持假设 2、3、4 及 5 是非常合理的。管理层往往是制定政策的一方，它能改变员工的薪酬及休假等。它与上司不同，管理层是有实权的，因此管理层有所支持能让员工有着正面情绪。而服务支持感方面，支持同事的服务质量会直接影响到顾客的感受，并会将感受发泄到其他员工身上。没有人喜欢被别人责骂，因此低的服务支持感会使得员工的正面情绪减少。员工正面情绪也会对员工忠诚度有着正面的影响。工作场所是员工出现最多的地方，如果工作中有事情使得员工的正面情绪减少，他们会因此而考虑离开企业。相反，若管理层为他们带来好的政策，员工变得正面，他们不但不会考虑离开企业，还会向朋友推介自己正在工作的企业。最后，组织公平性会正面影响员工正面情绪及员工忠诚度之间的关系。组织公平性涉及员工的薪酬及奖励是否公平。如果组织分配资源或在事情处理的过程上并不公平，员工即使有着从其他方面得来的正面情绪，他们也不会愿意留在企业中，毕竟赚取金钱是工作其中一个重要部分。相反地，如果组织事事公平处理，那么有着正面情绪的员工便会更愿意对企业忠诚，留在企业并会顾及企业的未来发展。

五、研究结论及未来展望

(一)研究结论与讨论

在200份的研究样本中，我们可以观察到其中女多男少，这是服务业的常态。而在受访者其中，大部分都是地勤人员，较少比例是空中服务员。这个情况的出现是因为很多职位也包含在地勤人员的范畴中，包括维修人员、客户服务等。而且地勤人员的工作地点和时间相对较稳定。他们可以接受访问的机会相对较多。因此，受访者较少为空中服务员是可以理解的。此外，我们发现超过六成的受访者都已经结婚。在内地，适婚年龄基本上在30岁前，所以大部分受访者已婚不是让人惊奇的事情。只有六成的受访者已婚可能是一个不算太高的比例。或许是因为收入及工作环境不稳定影响到员工的婚姻发展。在受访者的背景调查中，我们还发现他们的学历大部分都集中在中学及大专。出现这个局面或许是因为受访者大多出生在20世纪70年代至80年代，当时中国内地还没有现在这么发达，到大学读书的机会没有现在多，所以他们的学历相对较低。此外，对年轻人来说航空业是一个非常辛劳的行业，工作不定时，收入也不稳定，最大问题是他们觉得从事这个行业没有长远的发展。结果导致很多拥有高学历的年轻人也不愿加入这个行业，受访者学历不高也是容易理解的。而最后一题有关受访者背景的问题是他们的工作年资。只有很少部分的受访者(61人,30.5%)回答了这一题，我们猜测受访者忘记了自己工作年资，所以才出现这种情况。他们的年资由最少的2年到最多的35年不等，平均年资为8.54年。这也符合航空业人们的年资不长的现实情况。

本研究的信度和效度都是可接受的。一般来说，Cronbach’s Alpha的值大于0.6时，该量表的信度是值得相信的。在本研究中，各变量的量表Alpha值都大于0.7，只有管理层支持感这个变量的Alpha值是0.678。总体的信度也达到0.728，因此本研究的变量的信度是可接受的，并不用删除任何问题。另外，效度方面，因为本研究的测量工具是利用学者之前的研究的量表修改而成的，所以效度方面是绝对值得信赖的。而我们也发现当进行因素分析之后，本研究个测量问项大致有效地聚合到各自构面中。其中只有因素 1 包含了多个建构的问题。而我们可以发现 CS2, CS3 及 CS4 都是在因素 4 中，可见这个变量是非常科学合理的。

(二)研究贡献

经过此次研究，我们可以发现管理层支持感及同事支持感与员工的正面情绪正相关，而员工正面情绪与其忠诚度也正相关。这些变量是在航空业是首次验证的。这样能为学术界的理论空白地方带来实证上的支持，让学者在以后可以遵从这个方向进行研究。另外，航空业的情况和其他行业与大部分职业有着差别，因为其一线员工的收入不稳定，上班时间也非常不稳定，因此如何提升他们的正面情绪，继而使得他们对企业有更多的忠诚度是重要的。所以，本研究在实务上能根据调查结果对航空企业提出一些可行的方案，让他们根据一个正确的方向制定政策，有效地留住人才，企业可以有一个长远稳定的发展。

首次验证了组织支持感与员工正面情绪的关系。同时，组织公平感的中介关系也是前人没有研究过的。因此，本文填补了前人所留下的理论空缺。在实际上，我们也对航空业一线员工进行了两次简单的访问，我们可以对他们有一个更深的了解，在实务上制定一些更有效的政策，为内地航空企业带来长远发展的转机。

(三)实践启示

1. 提升管理层支持感

管理层支持感指的是员工对管理层所给予的支持的感受。管理层可以通过流程整合或直接支持员工来表达其支持。如果管理层能欣赏员工的额外努力、接受员工的投诉及重视他们的贡献，这样员工便会因此而觉得管理层对他们有所支持。Eisenberger et al.(1986) 认为，基于互惠的概念，组织支持感可以部分解释员工与雇主或机构的交流关系的差异。当员工感知道组织对他们提供支持，他们会对自身所属的组织或雇主表现出更多的善意，通常以付出更大的努力和勤奋工作作表示。同样地，当企业奖励员工提供良好的薪酬和广泛的培训和发展计划，员工通常会以较强的工作动力及高度的承诺作出回报 (Masterson et al.,2000)。一个组织的绩效奖励制度及内部的培训与发展制度能有效地增加员工对组织支持感的认知。

首先，管理层可以对一些表现优良的员工提供一些一次性的奖励，其中可以使用物质上或非物质上的。在物质上，企业最好的当然是给予员工现金作奖励，毕竟金钱回报是大部分员工工作的动力。而且对收入不稳定的一线航空业员工是一个非常吸引的政策。但此举会给企业带来较大的财政压力。若要在减少成本的同时奖励员工，其中一个比较可行的方法是给予员工一些可转让的机票购买优惠券。员工若认为自己不适用，他们可以在市场放售，从而得到金钱。与此同时，企业也会因为优惠券在市面流通而得到一些额外的生意增长，可谓一举两得之策。

其次，在非物质层面上，我们可以参考保险业的方法。在保险业中，每一家企业必定会定时举办一些大型宴会，让管理层出席，直接表扬员工过去的一段时间中对企业的贡献。这样的活动花费不多，但效果相对较大，让员工感受到自己存在的价值。虽然员工所得的奖励并不是金钱或者任何实用的礼物，但是一个奖座或一张证书也可以使得员工明白自己得到认同，因而感到喜悦。这种非物质的奖励方式对一些喜欢挑战自己，希望自己能够做出一些成就的人尤其有效。当然，使用这方法时不能同时有太多的被表扬员工，不然便会失去表扬背后的那种赞许及尊贵的意思，很容易会使得员工觉得这是必然得到的及没有意思的。

除此之外，一家企业中总是有一些员工，他们工作态度、责任心都比较强，但因为各种原因，例如：工作能力不高、情绪管理不善等，导致其绩效不理想。这些员工的问题使得管理者感到棘手。他们会影响到整个部门的效率，进而影响到企业的竞争力。但是，他们努力工作应该得到一个合理的回报，如果随便辞退这些员工将会影响员工的士气。在这些情况中，管理层应该尝试理解这些员工出现问题的原因，为他们提供训练加强能力，甚至将他们调职到一个更适合的岗位。这样能使得员工感受到管理层的支持，而并非冷酷无情的。

在接受投诉方面，管理层能在每一季举行一些跨部门的会议，让每个部门的一些员工代表一同开会，表达工作上遇到的困难及不满事情。如果进行跨部门会议出现困难，管理层也可以利用网上资源与员工进行交流。例如为管理层提供网上留言板，使员工能与管理层直接对话。但是，管理层在聆听投诉后也需要以行动做出一些响应，不然员工的管理层支持感也不会有明显的提升。

学者认为，内部的“营销活动”，其中包括奖励制度以及培训和发展计划可以增强员工对组织支持强度的认知。感知这些“决定性因素”的培训和发展计划，对员工来说一般是不太重要的 (Whitener, 2001)。就医疗行业来说，一般的培训是专业化的，他们对培训与发展的感觉并不重要。因为培训对他们的个人职业生涯的影响较弱。对于员工而言，他们的组织或雇主或会以薪金和晋升制度这些手段增加识别员工高质量的工作。正是通过这些系统或活动，组织能感知到员工对组织的贡献及其目标 (Johlke et al.,2001)。正是由于这些原因，一个设计良好的绩效审计制度和工资是有竞争力的，通常会被员工作为组织支持其个人的标志或信号。在之前的研究中，学者也发现员工对不同的内部营销活动所带来的组织支持感有着不同的理解。学者认为当一个良好的奖励制度及良好的培训与发展计划比较时，员工会偏向认为良好的奖励制度会增加较多的组织支持感 (Yang, 2010)。因此，上文提及的奖励方法必须实行，并以加强训练及接受投诉加以辅助，让员工的管理层支持感能大幅提升。

2. 提升服务支持感

在本研究中，服务支持感是其他部门及员工的支持及他们的工作质量，例如客户服务热线、负责网上订票服务的员工等。服务支持包含服务质量感知是因为良好的服务会为员工带来工作上的便利。顾客会因为支持同事的优良服务带来良好的心情，避免了很多一线员工遇到的无谓争吵及投诉。曾经有学者从事过有关情绪感染的研究，结果发现人们若表达出正面或负面的情绪，观察者的情绪将会受到影响。McHugo, Lanzetta, Sullivan, Masters, and Englis (1985) 的研究发现，如果让人们看着一张微笑或皱眉的人物画像，人们的情感将会根据看到的面部表情产生一致的变化。如果看到微笑的脸，人们的情绪便会变得正面，相反则会引起负面情感。Hatfield, Cacioppo abd Rapson (1994) 将这个过程称为原始的情绪感染 (primitive emotional contagion)。Hatfiled et al. 将其演绎为“人们倾向自动模仿另一人的面部表情、发声、姿势和动作，以汇聚情感”。当感受着服务人员的情感表现时，人们会很容易相应改变自己的情感状态。简而言之，人们将会根据服务人员的情感而有着相应的变化。根据本研究的结论，提升员工的服务支持感，能让一线员工更容易提升他们的正面情绪。

首先，最直接可行的方法是增强支持同事的服务培训。我们发现顾客的情绪与支持同事的态度与服务水平有很大关系。如果企业能对支持同事加强培训，定期为他们提供配合现实情况的课程，让他们在长期工作变得麻木时，带来一些新的冲击。增强支持同事的培训能有效提高他们的服务水平，从而减少顾客的负面情绪，让一线员工能减少与顾客不必要的摩擦，提供服务支持感。

其次，企业需要制定工作指引，将一些经常会发生会引起顾客不满的事情清楚定下一个弹性处理的方法，并给予负责员工一定的权力。例如受访者曾指出有关餐券派发的问题，航空企业必定已经有制定了的补偿机制。但是就好像受访者在访谈的过程中所谈及的边缘情况，事情处于需要补偿与不需要补偿之间。很多时候，一线员工因为害怕被惩罚，所以只是按章工作，并没有权力去酌情处理事情。如果企业能清楚列明人们的权限，让他们有一定的权力弹性地决定补偿方案，这样便可以减少顾客的不满，最终能增加员工正面情绪。

除此之外，服务支持感其实是员工对支持同事的服务质量的感知，是很主观的。假若企业在员工培训时加入一些参观环境，让不同部门的员工互相交流，了解整个流程的差异及各部门的难处。同时，企业能举办一些联谊活动，让员工之间有所交流。在中国人的社会，很多事情也是建立在关系之上。有很多学者曾经进行研究，并发现在中国人社会中，人们会较容易原谅关系较密切的人。联谊活动正能增强人们之间的关系。最终员工会对支持人员的感觉提升，增加他们的正面情绪。

企业还可以运用科技，建立一个内部的交流平台，公开地表扬一些优良的危机处理人员。这样不但可以让被表扬的员工带来鼓励，同时也可以让其他部门的员工了解到支持同事其实也是努力执行各项工作，让一线员工感到他们有着很强的后援。除此之外，如果员工或企业与顾客之间的联系出现了重大问题时，企业可以在内部网络公布正在面对的问题及事件的解决情况。这样可以让员工了解到支持同事正在解决事情，减少员工自我认为支持同事没有帮忙而失去的正面情绪。

3. 提升员工正面情绪

根据学者的经验，人类的正面思想是可以由练习得到的。人们若有一个正面的思维，正面情绪将会更容易出现。相反地，如果人们每天都沉醉在自己的负面思维，那么无论发生什么事情，不论是好事还是坏事，他们便总是会向负面的角度去想，每天都郁郁寡欢。因此，管理层可以为员工提供一些提升正面思维的讲座，让员工参与。其中近年非常盛行的神经语言程序学 (Neuro-Linguistic Programming, NLP) 课程也是可以考虑的方案。NLP 是一套原理、信念和技术，其核心为心理学、神经学、语言学与人类感知，安排组织以使之成为系统化模式，并建立主观现实的人类行为，属于实用心理学与行动策略的一种。它可以提升人与人之间的沟通技巧，以及积极正面的思维。复制卓越，分析人类神经系统、语言模式与大脑策略。多重思维观点，由各个不同层级去观想问题、触及问题、解决问题。改变自我受困的想法，拓展更多选择的可能性。

NLP 发源地位于美国加州大学圣克鲁兹分校。NLP 有两位创始人，其中一位叫 Richard Bandler 求学时主修计算机学系，但他却醉心研究人类行为，遍读心理学丛书，常常向传统心理学派提出种种挑战，尔后他拿下心理学硕士与哲学硕士学位。另外一位则是任教于加州大学的语言学家，曾有协助美国中央情报局经验的 John Grinder。两位皆不满传统心理学派的治疗过程，因其时间太长且效果不能持久。在一次的因缘际会下，他们一起研究并模仿当时四位在人类沟通以及心理治疗方面有卓越成就的大师在治疗过程中运用的语言模式、心理策略等。而且因独创的理念而整理出 NLP 的理论架构，经过多年反复的临床实验，认为 NLP 在运用于人类行为改变方面具有非常显著的效果。但考虑到航空业的工作时间及地点不稳定，所以其中一个解决方法是把提升正面思维的训练加到日常的培训中，让每一个员工都必须学习。此举也较开办讲座更节省成本及准备时需要花上的人力。

另外，一线员工的工作时间及环境均不稳定，他们的作息平衡存在着一定的问题。针对员工对休假的不满情绪。本研究提议管理层能制定一项特别政策，让员工在生日当天能有一天特别的假期。这种特别的休假不是每一家企业都拥有的，而且能为缺乏作息平衡的一线员工带来一点改变，相信大部分员工也会为着此政策而感到开心。而且，一天的假期并不会对企业带来很高昂的成本，人员也不会因此而受到严重影响，所以这种低成本的方法是可行，同时也能有效提升员工正面情绪的方法。

4. 提升组织公平感

经过研究，我们发现组织公平感会正面影响员工正面情绪与员工忠诚度之间的关系。因此，增加员工公平感可以直接提升他们的忠诚度。增加员工公平感的方法有很多，我们会依从分配公平感、程序公平感及人际公平感三个方面去提升员工的组织公平感。

①分配公平感

分配公平感是指员工对组织报酬的分配结果是否公平的感受。分配不公平感导致员工降低其工作绩效，与同事合作减少，降低工作质量甚至产生偷窃行为。根据分配公平的理论，影响员工分配公平感受的核心有两个方面：一是投入，二是回报。员工的投入指标主要体现在德行、能力、勤奋、绩效等几个方面，如何对员工的贡献作出一个合理、准确的评估，是员工获得分配公平的基础。在现实上，内地企业在员工的绩效评估方面存在不少问题。缺乏一套稳定的、与市场接轨的、系统的绩效评估体系；没有严格地、科学地实施绩效考评；没有将绩效考评的结果与晋升、培训和薪酬紧密地结合起来。

要做到分配公平首先要做好薪酬体系的建构。管理层必须建立科学的绩效考核系统和薪酬系统。薪酬体系建构主要考虑两个方面：内部公平和外部公平。内部公平是要按照员工的岗位、成绩及表现等，将员工的薪酬分门别类，形成一套内部的薪酬系统，让员工在相互比较时，感受到分配公平。而外部公平则主要是遵从市场经济的法则，尽可能使社会上相同、可比的岗位具有相似的薪酬，如果差距太大，就容易使员工产生离职的念头。由于经营状况的差异，相同的岗位、相同的业绩，国有企业和事业单位与外企、民营企业相比，薪酬偏低。这些问题都需要逐步解决。内地航空企业可以制定政策，每一年评估市场价格，调整员工薪酬，让他们有一个合理的回报。

此外，企业还需要保持分配政策的稳定性和可完善性。根据一些学者的研究，政策的稳定性和可完善性是程序公平的重要组成部分。我国改革发展是渐进式的，有许多国际通行的制度、法规不能一步到位，因而一些政策不够稳定，所谓“新人新办法，老人老办法”就是这种现象的反映。如果组织政策变更过于频繁，就与程序公平中的一致性规则相矛盾，会使员工无所适从并产生不公平感。但稳定是相对的，稳定中要有必要的可修改性，才能使政策和措施不断改进和完善。为了使转型过渡期的政策尽可能合理，应该参照规范的市场经济发展走向，建立一个逐步接轨的日程表，使员工有一定的心理准备，以减少改革的阻力。如果制度的发展轨迹可以把握、制度的发展是连续的，也可以看成是稳定的。而一成不变的制度，恰恰是没有生命力的表现。因此在推行上述政策时必须慢慢进行，并不能操之过急。

②程序公平感

除了分配公平外，组织公平感也包含了程序是否公平。程序公平被定义为得出结果前的程序的公平性。当员工觉得他们在这个过程中可以表达他们的声音或在过程中涉及一些特性，如一致性、准确性、伦理性和没有偏见，这样员工程序公平的感觉将会加强 (Leventhal, 1980)。完善员工参与制度是有必要的。

不管最终的分配结果是否公平，只要员工有参与的权利，而且实际参与了，公平感就会显著地提高。民主参与有许多优点，可以代表各部门员工的利益，使分配的程序具有公平性；可以监督分配制度的执行，即使是暂时不合理的制度，只要严格按制度执行，员工也会产生公平感；可以改善上下级关系。尽管我国上级和下属之间权力距离比较大，但如果提供员工参与的渠道，上下级就都有了表达自己意见的机会，有利于增进相互理解。因此，内地的航空企业能让员工代表参与决策的会议，让员工有权参与及为自己的利益发声。

需要员工民主参与的内容很多，如组织的发展战略、分配度、奖励制度、晋升制度和考评制度等的制定和实施。员工在参与中了解了制度制定的原则、利弊，能更好地配合组织政策的实施，减少改革的阻力，提高员工的积极性。另外，员工的民主参与有可能会出现观点不易统一，争议时间过长将会出现影响决策速度等问题。因此，对民主评议过程需要制定时间表，给出最后期限，以保证决策的及时性。

此外，内地航空企业能建立一套完善申诉制度。建立上下级对话制度，缩小领导与员工的情感距离。根据学者的研究，申诉是产生公平感的重要影响因素。即使推行民主参与制，许多制度的缺陷仍然可能因考虑不周而出现不公平的问题。而且制度在实施过程中如果缺乏申诉，制度也就难以严格执行。那么，如何保证制度的逐步完善，如何使合理的制度能够得到有效实施，推行申诉制度就显得十分重要。申诉有许多形式，正常的申诉渠道是通过组织管理者逐级上报有关部门；如果员工有顾虑，还可以设立匿名信箱、申诉电话、网站等。管理部门应该有专人负责处理这些申诉，以鼓励员工的申诉行为。

申诉是员工受到了不公平的待遇，主动地反映自己的问题，寻求解决办法。但因为怕事或者性格上较为懦弱等原因，不是所有的员工都愿意通过申诉来解决问题。而且，员工对组织的制度往往并不是十分了解，信息时常会出现偏差。为了保证制度的严格执行，必须设立相应的机构，负责监督制度的执行情况。特别值得注意的是，监督者应该从利益上与被监督者分离，而且监督者也要接受监督，如实行公示制度、责任追究制度、新闻监督制度等，真正将监督落到实处，使管理者能严格按制度办事，提高员工组织公平感。在此，我们建议内地航空企业能开设独立于所有人的投诉部门，直接与管理委员会汇报。投诉部的成员需要专门处理投诉，跟进投诉事件有否改善。此外，成员需要负责进行监管，监察被投诉的人士不会胡乱使用自己权力，避免较低级的投诉员工被秋后算账。

③人际公平感

人际关系公平也可称为互动公平，顾名思义指的是个人所感受到的人与人之间交往的质量。人际公平是指在决策过程中，员工有否被尊重、考虑，以及得到信息的及时性 (Moorman, 1991)。假若企业能建立一套完善的监督制度，让事情变得透明，这样能有效地提升员工的人际公平感。

由于管理者掌握了较多的分配资源，员工处于相对劣势。但一个好的企业如果没有员工的积极参与和配合，那么其任务就很难如期、顺利地完成。由于制度的原因，许多国有企业、事业单位的管理者有种优越感，和员工的心理距离越来越大。员工有意见不能提，有建议也不愿提，最终产生信息偏差，导致决策失误，企业的竞争力受损。不管一个组织的制度如何完善、执行过程如何严格，总会有一些人由于主观或客观的原因对分配结果不满意。在这种情况下，管理者如何传递信息、如何解释、如何对待这些人会对员工的公平感产生很大的影响。而情感距离越大，越不可能进行平等的沟通，越不利于产生互动公平，最终可能影响员工的公平感。企业能设立一个部门监督信息的收发，定下决策者需要公布已决定政策的期限。这样能有效加快信息的传递及确保每一个人得到信息的时间性，提升人们对互动公平感。

管理层能以不同的方法提升员工的正面情绪，继而增加员工的忠诚度。其中有一部分是需要花上一定的成本的，例如给予有功劳的员工一些物质上的奖励、建立监测部门等。但是，企业也有一些成本低廉的方法可以使用，譬如在员工生日当天给予其一天特别的假期、让员工有弹性决定对顾客的补偿等。如果能有效地推行这些政策，员工的情绪必定会变得更正面，对企业变得忠诚。

（四）本文研究的不足和未来研究展望

虽然研究在开展的过程中已经尽量避免问题的出现，但最后仍存在着一些潜在的问题，以及一些不能避免的限制。限制主要体现在三个方面。在这些限制中，笔者也点出一些可以在将来进行的研究，让笔者或其他研究人员可以依从这些方向，在学术上或实际上提供贡献。

1. 企业抽样不平均

此次的研究只是从三家不同大小的航空企业进行抽取样本。虽然样本数目达到 200 份，有着一定的可靠性。但是受访者从差不多大小的企业中抽出来，可能会有着较为近似的想法及感受，进而有一定机会影响调查结果的准确性。本研究利用了 3 家企业收集资料，除了希望收取大小不同企业的员工的看法外，主要原因是笔者发现访问这个行业的员工是比较困难的。正如上述所言，航空业这个行业上班的时间不定时，而且机场每时每刻都非常繁忙，地勤人员根本没有可能抽时间填写问卷。如果只是访问空中服务员，这样将会变得更困难，我们很难有机会与空中服务员碰面。因此，本研究只能利用手头上的关系网，以滚雪球的方式收取数据，避免样本数目过小而导致的统计误差情况发生。在将来，研究者可以扩大受访者的抽样范围，由数家大小类近的企业扩展到数家大小不同的企业，甚至以中国和外国的企业进行比较。我们知道每个国家的文化都有着一定程度的差异，理解不同地方员工想法的不同是有必要的。如果使用上一些不恰当的方法去留住员工，不但会增加企业的成本，而且不能达到目的。因此扩大样本抽样及将不同地方的航空业进行对比能为企业未来的发展提供一定的启示。

2. 研究方法合适程度

因为时间关系和与航空业一线人员接触有着一定的困难，因此本研究在深度访谈的部分抽样不多，在200个受访者中只有两个，他们或许是代表少数人的观点，而未必可以代表全部受访者的想法。虽然在上文曾经提及抽样的多少并没有一个指标。抽样过多会使得访谈的过程变得泛泛而谈，而抽样少则有机会更深入了解人们的真实想法。但样本数只有两个人则较难验证他们的说法是否代表大多数人。此外，深度访谈虽然可以让笔者深入了解到部分受访者的看法，他们也较为敢于表达自己内心的感受，但是得到的答案未必是代表事实的全部。若以小组形式进行访问，受访者可以进行讨论，在过程中可能会引发共鸣，最终得到一个更完满的答案。因此在深度访谈的部分是有着一定的不足之处及限制。此外，为了迁就两位受访者上班，所以我们选择了机场的餐厅作访问。在访问的过程中，餐厅内有很多聊天的声音，可能会对受访者构成一些影响，例如变得不集中、发言有机会被打断。另外，在机场餐厅进行访谈，受访者有很大机会遇上同事甚至上司。中国社会看重和谐及阶级分明，人们对挑战上司及批评平辈均十分避忌。因此，受访者可能会因此而不敢将心中所想的事情全部说出，使得到的结论出现一定的偏差。在未来的研究中，学者可以利用访谈的形式去研究上司支持感与员工正面情绪没有关系的原因。而受访的地点应该选择远离工作地点，避免受访者不能畅所欲言。

3. 其他因素对员工忠诚度的影响

本研究主要是测量组织支持感与员工忠诚度之间的关系。其中加入了员工正面情绪作中介变量及组织公平感作调节变量。虽然本研究所制定的模型是创新，前人并没有进行详细研究。但是我们发现除了模型中拥有的因素外，其实还有很多因素会对员工正面情绪有所影响，例如与其他同事之间的人际关系。在访谈中，我们发现一线员工曾提及同事的相处也是影响他们正面情绪的重要因素，毕竟同事是他们接触最多的人，与同事的不和谐会使得人们不能拥有好心情。虽然模型并不可能加入所有变量，但本研究得出来的结果变量之间的关系不算很强，其中较强的分别有管理层支持感将会中度正面影响员工正面情绪（R-Square = 0.303, p

= 0.02) 及员工的正面情绪对员工忠诚度有着中等程度的正影响 (R–Square = 0.387, p = 0.003)。本研究采用企业的角度，希望运用低成本的同时留住人才，故本研究并没有其他可能较强的变量，只是以组织支持感作研究。在未来，学者可以将模型进行修改，测试其他可能较强的变量，例如：与同事的相处等，为企业制定政策提供更多的选择方向。我们认为本研究中部分较强的变量能留住下一次的设计的模型，并加入其他新的变量作调整，在学术层面修补现有的断层，并为企业提供一个务实的新思维。

参考文献

1. Abbasi, M.M., Khan, M.M., and Rashid, K. (2011). Employee Empowerment, Service Quality and Customer Satisfaction in Pakistani Banks. Journal of Bank Management, 10(4), 47-60.
2. Ali, A.J., Azim, A., and Falcone, T.W. (1993). Work loyalty and individualism in the United States and Canada. International Journal of Manpower, 14(6), 58-66.
3. Allen, D., Shore, L., and Griffeth, R. (2003). The role of POS in the voluntary turnover process. Journal of Management, 29, 99-118.
4. Allen, N.J. and Meyer, J.P. (1996). Affective, continuance, and normative commitment to the organization: an examination of construct validity. Journal of Vocational Behavior, 49, 252-276.
5. Allen, N.J., and Meyer, J.P. (1990). The measurement and antecedents of affective, continuance and normative commitment to the organization. Journal of Occupational Psychology, 63, 1-18.
6. Berdie, D. R. (1994). Reassessing the Value of High Response Rates to Mail Surveys. Marketing Research, 1(3), 52-64.
7. Bhattacharya, R., Devinney, T.M., and Pillutla, M.M. (2002). A formal model of trust based on outcomes. Acad Manage Rev, 23, 459-72.
8. Bitner, M.J. (1992). Servicescapes: the impact of physical surrounding on customers and employees. Journal of Marketing, 56(2), 57-71.
9. Blake, S.S., Kester, L. and Stoller, J. (2004). Respiratory therapists' attitudes about participative decision making: relationship between managerial decision-making style and job satisfaction. Respiratory Care, 49(8), 917-925.
10. Brief, A.P., and Weiss, H.M. (2002). Organisational behavior: Affect in the work place. Annual Review of Psychology, 53, 279-307.
11. Brown, S.P., and Peterson, R.A. (1993). Antecedents and consequences of salesperson job

satisfaction: meta-analysis and assessment of causal effects. Journal of Marketir
30, 63-77.

12. Burns, David JView Profile; Lewis NeisnerView Profile. International Journal of Retail & Distribution Management 34.1 (2006): 49-66.

13. Byrne, Z.S., and Hochwarter, W.A. (2008). Perceived Organizational Support and Performance: Relationships across Levels of Organizational Cynicism. Journal of Managerial Psychology, 23(1), 54-72.

14. Chelladurai, P. (1999). Human resource management in sport and recreation. Champaign IL: Human Kinetics.

15. Chockalingam, V., Deshpande, S.P., and Jacob, J. (1998). Job satisfaction as a function of top management support for ethical behavior: A study of Indian managers. Journal of Business Ethics, 17(4), 365-371.

16. Clark, A.E. (1997). Job satisfaction and gender: why are women so happy at work? Labour Economics, 4, 2170-2196.

17. Clore, G.L., Schwarz, N., and Conway, M. (1994). Affective Causes and Consequences of Social Information Processing. Chapter in Handbook of Social Cognition: Basic Processes. Eds. R.S. Wyer and T.K. Srull. New Jersey: Lawrence Erlbaum Associates, 323-417.

18. Colquitt, J. A. (2001). On the dimensionality of organizational justice: A construct validation of a measure. Journal of Applied Psychology, 86, 386–400.

19. Colquitt, J.A. and Shaw, J.C. (2005). How should organizational justice be measured?", in Greenberg, J. and Colquitt, J.A. (Eds), Handbook of Organizational Justice, Lawrence Erlbaum Associates, Mahwah, NJ.

20. Colquitt, J.A., Conlon, D.E., Wesson, M.J., Porter, C.O.L.H. and Ng, K.Y. (2001). Justice at the millennium: a meta-analytic review of 25 years of organizational justice research. Journal of Applied Psychology, 86, 425-445.

21. Coughlan, R. (2005). Employee loyalty as adherence to shared moral values. Journal of Managerial Issues, XVII(1), 43-57.

22. Cunha, M.P. (2002). The best place to be: Managing control and employee loyalty in a knowledge-intensive company. The Journal of Applied Behavioral Science, 38(4), 481-495.

23. Dabholkar, P.A., Sheperd, D.C., and Thorpe, D.I. (2000). A comprehensive framework for service quality: an investigation of critical conceptual and measurement issues through a longitudinal study. Journal of Retailing, 76(2), 139-173.

24. Dawley, D., Houghton, J.D., Bucklew, N.S. (2010). Perceived Organizational Support and Turnover Intention: The Mediating Effects of Personal Sacrifice and Job Fit. The Journal of

Social Psychology, 150(3), 238-57.

25. Dawley, D.D., Andrews, M.C., and Bucklew, N.S. (2008). Mentoring, supervisor support, and perceived organizational support: what matters most? Leadership & Organization Development Journal, 29(3), 235-247.

26. Deming, W.E. (1993). The New Economics. Cambridge: Massachusetts Institute of Technology.

27. Ding, D., Lu, Haiyan, S.Y., and Lu, Q. (2012). Relationship of Servant Leadership and Employee Loyalty: The Mediating Role of Employee Satisfaction. I - Business, 4(3), 208-215.

28. Donovan, R.J. and Rossiter, J.R. (1982). Store atmosphere: an environmental psychology approach. Journal of Retailing, 58, 34-57.

29. Dozier, J.B., and Miceli, M.P. (1985)., Potential predictors of Whistle-blowing: A prosocíal behavior perspective. Academy of Management Review, 10, 823-836.

30. Eddleston, K., Kidder, D.L., and Litzhy, B.E. (2002). Who's the boss? Contending with competing expectations from customers and management. Acad Manage Exec, 16, 85-95.

31. Eisenberger, R., Cummings, J., Armeli, S., and Lynch, P. (1997). Perceived Organizational Support, Discretionary Treatment, and Job Satisfaction. Journal of Applied Psychology, 82(5), 812-820.

32. Eisenberger, R., Huntington, R., Hutchison, S., and Sowa, D. (1986). Perceived organizational support. Journal of Applied Psychology, 71, 500-507.

33. Eisenberger, R., Huntington, R., Hutchison, S.,and Sowa, D. (1986). Perceived Organizational Support. Journal of Applied Psychology, 71(3), 500-507.

34. Eisenberger, R., Rhoades, L., and Cameron, J. (1999). Does pay for performance increase or decrease perceived self-determination and intrinsic motivation? Journal of Personality and Social Psychology, 77, 1026-1040.

35. Eisenberger, R., Stinglhamber, F., Vandenberge, C., and Sucharski, I. and Rhoades L. (2002). Perceived supervisor support: Contributions to perceived organizational support and employee retention. Journal of Applied Psychology, 87, 565-573.

36. Elbeyi, P., Yüksel,Ö., and Yalçin A. (2011). The effects of employee empowerment on employee job satisfaction. International Journal of Contemporary Hospitality Management, 23(6), 784-802.

37. Eskildsen, J.K., and Nussler, M.L. (2000). The managerial drivers of employee satisfaction and loyalty. Total Quality Management, 11(4/5&6), 581-588.

38. Ezzedeen, S.R. (2003). Research note on job satisfaction. The Pennsylvania State University, University Park, PA.

39. Farh, J.L., Earley, S.C., and Lin, S.C. (1997). Impetus for Action: A Cultural Analysis of Justice

and Organizational Citizenship Behavior in Chinese Society. Administrative Science Quarterly, 42(3), 421-444.

40. Farh, J.L., Hackett, R., and Liang, J. (2007). Individual level Cultural Values as Moderators of Perceived Organizational Support employee Outcome Relationships in China: Comparing the Effects of Power Distance and Traditionality. Academy of Management Journal, 50, 715- 729.
41. Festinger, L. (1942). A Theoretical Interpretation of Shifts in Level of Aspiration. Psychological Review, 49, 235-250.
42. Fisher, V.E., and Hanna, J.V. (1931). The dissatisfied worker. New York: Macmillan.
43. Flores, P., and Rodríguez, A.J. (2008). Personal skills, job satisfaction, and productivity in members of high performance teams. College Teaching Methods & Styles Journal, 4(1), 81-86.
44. Forgas, J.E. (2000). Introduction: The Role of Affect in Social Cognition. Chapter in Feeling and Thinking: The Role of Affect in Social Cognition. Ed. J.P. Forgas. Cambridge, UK: Cambridge University Press.
45. Forgionne, G.A. and Peeters, V.E. (1982). Differences in job motivation and satisfaction among female and male managers. Human Relations, 35, 101-118.
46. Fredrickson, B. L., Cohn, M. A., Coffey, K. A., Pek, J., & Finkel, S. M. (2008). Open hearts build lives: Positive emotions, induced through loving-kindness meditation, build consequential personal resources. Journal of Personality and Social Psychology, 95, 1045–1062.
47. Frijda, N.H. (1993). Mood, emotion episodes, and emotions. In M. Lewis & J.M. Haviland (Ed.), Handbook of emotions. New York: Guilford Press.
48. Gay, L.R. (1992). Education Research Competencies for Analysis and Application. New York: Macmillan.
49. George, J., Reed, T., Ballard, K., Colin, J., and Fielding, J. (1993). Contact with AIDS patients as a source of work-related distress: effects of organizational and social support. Academy of Management Journal, 36, 157-171.
50. George, J.M., & Brief, A.P. (1992) Feeling good-doing good: A conceptual analysis of the mood at work-organisation spontaneity relationship. Psychological Bulletin, 112, 310-329.
51. Geyskens, I. (1998). Trust, satisfaction, and equity in marketing channel relationships. doctoral dissertation, Catholic University of Louvain, Louvain.
52. Geyskens, I., Steenkamp, J.B.E.M., Scheer, L.K. and Kumar, N. (1996). The effects of trust and interdependence on relationship commitment: a trans-atlantic study. International Journal of Research in Marketing, 13(4), 303-317.
53. Griffin, M.L. (2001). Job satisfaction among detention officers: assessing the relative contribution of organizational climate variables. Journal of Criminal Justice, 29, 219-232.

54. Gronroos, C. (1984). A service quality model and its marketing implications. European Journal of Marketing, 18(4), 36-44.

55. Gu, Z., and Siu, R.C.S. (2009). Drivers of job satisfaction as related to work performance in Macao casino hotels. International Journal of Contemporary Hospitality Management, 21(5), 561-578.

56. Hancer, M., and George, T. (2003). Job satisfaction of restaurant employees: an empirical investigation using the Minnesota Satisfaction Questionnaire. Journal of Hospitality and Tourism Research, 27(1), 85-100.

57. Hatfield, E., Cacioppo, J.T., & Rapson, R.L. (1994). Emotional Contagion. Cambridge, England: Cambridge University Press.

58. Hatton, C. and Emerson, E. (1998). Brief report: organisational predictors of actual staff turnover in a service for people with multiple disabilities. Journal of Applied Research in Intellectual Disabilities, 11, 166-171.

59. Hegtvedt, K.A., and Killian, C. (1999). Fairness and emotions: reaction to the process and outcomes of negotiation. Soc Forces, 78(1), 269-303.

60. Herrera R. and Lim J.Y. (2003). Job satisfaction among athletic trainers in NCAA Division IAA institutions. The Sport Journal, 6(1).

61. Hersey, R.B. (1932). Workers' emotions in shopand home: A study of individual workers from the psychological and physiological standpoint. Philadelphia: University of Pennsylvania Press.

62. Heskett, J.L., Sasser, Jr. W.E., and Schlesinger, L.A. (1997). The Service Profit Chain. 1st edn. New York: The Free Press.

63. Hochschild, A.R. (1983). The managed heart. Los Angeles: University of California Press.

64. Homans, G.C. (1974). Social behavior: its elementary forms. New York: Harcourt Brace Jovanovich.

65. Hutchison, S. (1997). A path model of perceived organizational support. Journal of Social Behavior and Personality, 12, 159-74.

66. International Monetary Fund. (2011). Report for Selected Countries and Subjects – China. International Monetary Fund. Retrieved on 26th February 2014, from http://www.imf.org/external/pubs/ft/weo/2011/02/weodata/weorept.aspx?sy=1980&ey=2016&sort=country&ds=.&br=1&pr1.x=40&pr1.y=0&c=924&s=NGDP_RPCH%2CPPPPC&grp=0&a

67. Izard, C. E. (1993). Four systems for emotion activation: Cognitive and noncognitive processes. Psychological Review, 100, 68-90.

68. Jaramillo, F., Grisaffe, D.B., Chonko, L.B., and Roberts J.A. (2009). Examining the Impact of Servant Leadership on Salesperson's Turnover Intention. Journal of Personal Selling & Sales

Management, 29(4), 351-365.

69. Johlke, M.C, Stamper, C.L., and Shoemaker, M.E. (2001). Antecedents to boundaryspanner perceived organizational support. Journal of Managerial Psychology, 17(2), 116-127.

70. Josée, B., and Gaby, O.S. (2006). The role of employee relationship proneness in creating employee loyalty. The International Journal of Bank Marketing, 24(4), 252.

71. Kalliah, T.J. and Beck, A. (2001). Is the path to burnout and turnover paved by the lack of supervisory support: a structural equations test. New Zealand Journal of Psychology, 30, 72-78.

72. Kaufman, B.E. (2001). Human resources and industrial relations Commonalities and differences. Human Resource Management Review, 11, 339-374.

73. Kottke, J. L., and Sharafinski, C. E. (1988). Measuring perceived supervisory and organizational support. Educational and Psychological Measurement, 48, 1075-1079.

74. Kusluvan, Z., and Kusluvan, S. (2005). Otel isletmelerinde is ve isletme ile ilgili faktörlerin isgören tatmini üzerindeki görece etkisi: Nevsehir örnegi. Anatolia: Turizm Arastirmalari Dergisi, 16(2), 183-203.

75. Lazarus, R.S. (1991). Emotion and Adaptation. New York, NY: Oxford University Press.

76. Leventhal, G. S. (1980). What should be done with equity theory? New approaches to the study of fairness in social relationship. In K. Gergen, M. Greenberg, & R. Willis (Eds.), Social exchange: Advances in theory and research (pp. 27-55). New York: Plenum Press.

77. Locke, E.A. (1976). The nature and causes of job satisfaction. In Dunette, M. (Ed.), Handbook of Industrial and Organisational Psychology, Consulting Psychologists Press, Palo Alto, CA.

78. Lord, R.G., & Kanfer, R. (2002). Conceptual and empirical foundations for the study of affect at work. In R. G. Lord, R. J. Klimoski, & R. Kanfer (Eds.), Emotions in the workplace. San Francisco: Jossey-Bass.

79. Lucas, K., Kang, D., and Li, Z. (2013). Workplace Dignity in a Total Institution: Examining the Experiences of Foxconn's Migrant Workforce. Journal of Business Ethics, 114(1), 91-106.

80. Lysonski, S. (1985). A boundary theory investigation of the product manager's role. Journal of Marketing, 49, 26-40.

81. Maduaburn, C.D. (1988). Motivation of Nigerian Civil servants: A Historical Overview. Quarterly Journal of Administration, 22(1-2).

82. Malatesta, R.M., and Tetrick, L.E. (1996). Understanding the Dynamics of Organizational and Supervisory Commitment. Presented at the Annual Meeting of the Society for Industrial and Organizational Society, San Diego, CA.

83. Masterson, S.S., Lewis, K. Goldman, B.M., and Taylor, M.S. (2000). Integrating justice and

social exchange: The Differing effects of fair procedures and treatment on work relationship. Academy of Management Journal, 43(4), 738-748.

84. Masterson, S.S., Lewis, K., Goldman, B.M. and Taylor, M.S. (2000). Integrating justice and social exchange: the differing effects of fair procedures and treatment on work relationships. Academy of Management Journal, 43, 738-748.

85. McGuinness, B.M. (1998). The change in employee loyalty. Nursing Management, 29(2), 45-46.

86. McHugo, G.J., Lanzetta, J.T., Sullivan, D.G., Masters, R.D., & Englis, B.G. (1985). Emotional reactions to a political leader's expressive display. Journal of Personality and Social Psychology, 49, 1513-1529.

87. Merrian,S.B. (1988). Case study research in education: A qualitative approach. San Francisco & London: Jossey-Bass Publishers.

88. Metle, M.K. (2002). The influence of traditional culture on attributes toward work among Kuwaiti women employees in the public sector. Women in Management Review, 17, 245-261.

89. Metlen, S., Eveleth, D., and Bailey, J.J. (2005). Management support and perceived consumer satisfaction in skilled nursing facilities. Health Services Management Research, 18(3), 198-210.

90. Metlen, S., Eveleth, D., and Bailey, J.J. (2005). Management support and perceived consumer satisfaction in skilled nursing facilities. Health Services Management Research, 18(3), 198-210.

91. Meyer, J.P., and Allen, N.J. (1991). A three component conceptualization of organizational commitment. Human Resource Management Review, 1(1), 61-89.

92. Moorman, R.H. (1991). Relationship between organizational justice and organizational citizenship behaviors: Do Fairness Perceptions Influence. Journal of Applied Psychology, 76(6), 845-855.

93. Moorman, R.H. (1993). The influence of cognitive and affective based job satisfaction measures on the relationship between satisfaction and organizational citizenship behavior. Human Relations 6, 759-776.

94. Morrall, A. (1999). The survivor loyalty factor. Human Resource Development Quarterly, 10(1), 95-99.

95. Mottaz, C. (1986). Gender differences in work satisfaction, work-related rewards and values, and the determinants of work satisfaction. Human Relations, 39, 359-378.

96. Mowday, R.T., Porter, L.W., & Steers, R.M. (1982). Employee-organization linkages: The psychology of commitment, absenteeism, and turnover. San Diego, CA: Academic Press.

97. Mowday, R.T., Steers, R.M., & Porter, L.W. (1979). The measurement of organizational commitment. Journal of Vocational Behavior, 14, 224-247.

98. Munn, E.K., Barber, C.E. and Fritz, J.J. (1996). Factors affecting the professional well-being of child life specialists. Children's Health Care, 25, 71-91.

99. Myers, D.G. (2006). Psychology. Worth Publishers, Incorporated.

100. Niehoff, B.P. and Moorman, R.H. (1993). Justice as a mediator of the relationship between methods of monitoring and organizational citizenship behavior. Academy of Management Journal, 36, 527-556.

101. Nyer, Prashanth U. (1997). A Study of Relationships Between Cognitive Appraisals and Consumption Emotions. Journal of the Academy of Marketing Science, 25(4), 296-304.

102. O'Reilly, C.A. III, & Chatman, J. (1986). Organizational commitment and psychological attachment: The effects of compliance, identification, and internalization on prosocial behavior. Journal of Applied Psychology, 71, 492-499.

103. Ortony, A., Clore, G.L., and Collins, A. (1988). The Cognitive Structure of Emotions. New York: Cambridge University Press.

104. Parasuraman, A., Zeithaml, V. A., & Berry, L. L. (1988). SERVQUAL: A multiple-item scale for measuring consumer perceptions of service quality. Journal of Retailing, 4(1): 12-39.

105. Peccei, R. and Lee, H.J. (2005). The impact of gender similarity on employee satisfaction at work: a review and re-evaluation. Journal of Management Studies, 42(8), 1571-1584.

106. Portigal, AH. (1976). Towards the Measurement of Work Satisfaction. Paris, France: Organization for Economic Cooperation and Development.

107. Pugh, S.D., Dietz, J., Wiley, J.W., and Brooks, S.M. (2002). Driving service effectiveness through employee-customer linkages. Acad Manage Exec,16, 73-84.

108. Rahman, B.A.M.M., Zahari, H., Rahman, R., and Khazainah, K. (2011). The Study Of Employee Satisfaction And Its Effects Towards Loyalty In Hotel Industry In Klang Valley, Malaysia. International Journal of Business and Social Science, 2(3).

109. Rhoades, L., and Eisenerger, R. (2002). Perceived organizational support: a review of the literature. Journal of Applied Psychology, 87, 698-714.

110. Robbins, T.L., & DeNisi, A.S. (1998). Mood vs. interpersonal affect: Identifying process and rating distortions in performance appraisal. Journal of Business Psychology, 12, 313-325.

111. Roberts, A.R., and Smith, J.M. (2000). Creating the perfect merger: business goals and IT process management. Information Strategy Exec J, 17, 13-18.

112. Roehling, P.V., Roehling, M.V., and Moen, P. (2001). The relationship between work-life policies and practices and employee loyalty: A life course perspective. Journal of Family and

Economics Issues, 22(2), 141-170.

113. Ruth, J.A., Brunei, F.F., and Otnes, C.C. (2002). Linking Thoughts to Feelings: Investigating Cognitive Appraisals and Consumption Emotions in a Mixed-Emotions Context. Journal of the Academy of Marketing, 30(Winter), 44-58.

114. Sangmook, K. (2005). “Gender differences in the job satisfaction of public employees: a study of Seoul Metropolitan Government, Korea. Sex Roles: A Journal of Research, 32(3), 35-46.

115. Scherer. (1994). Emotion serves to decouple stimulus and response. In P.Ekman & R.J. Davidson (Eds.), The nature of emotion: Fundamental questions. New York: Oxford University Press.

116. Schlesinger, L.A., and Heskett, J.L. (1991). How does service drive the service company. Harvard Business Review, November-December, 146-150.

117. Schlesinger, L.A., and Zornitsky, J. (1991). Job satisfaction, service capability and customer satisfaction, an examination of linkages and management implications. Human Resource Planning, 14(2), 141-149.

118. Schneider, B., and Bowen, D.E. (1993). The service organization; human resources management is crucial. Organizational Dynamics, Spring.

119. Seligman, Martin (1990). Learned Optimism: How to Change Your Mind and Your Life. Free Press.

120. Shah, J.A., and Pathan, P.A. (2009). Examining Causal Linkages between Productivity and Motivation: Grassroots Biannual Research. Journal of Pakistan Study Centre.

121. Shalhoop, J.H. (2003). Social-exchange as a mediator of the relationship betweenorganizational justice and workplace outcomes. Doctoral dissertation, The University of Akron, Akron, OH.

122. Shanock L.R., and Eisenberger R. (2006). When Supervisors Feel Supported: Relationships with Subordinates - Perceived Supervisor Support, Perceived Organizational Support and Performance. Journal of Applied Psychology, 91(3), 689-695.

123. Shapiro, B.P., Rangan, V.K., and Sviokla, J.J. (1992). Staple yourself to an order. Harvard Business Review, 70, 113-122.

124. Shapiro, H.J., and Stern L.W. (1975). Job satisfaction: male and female, professional and non-professional workers. Personnel Journal, 28, 388-407.

125. Siu, O. L., Chow, S. L., Phillips, D. R., and Lin, L. (2006). An exploratory study of resilience among Hong Kong employees: Ways to happiness. In L.S. Ho and Y.K. Ng (Eds.), Happiness and public policy: Theory, case studies, and implications, pp. 209-220. Palgrave Macmillan.

126. Skarlicki, D.P., and Folger, R. (1997). Retaliation in the workplace: the roles of distributive, procedural and interactional justice. Journal of Applied Psychology, 82(3), 434-443.

127. Sloane, P., and Williams H. (1996). Are 'overpaid' workers really unhappy? A test of the theory of cognitive dissonance. Labour, 10, 3-15.

128. Smith, A.K., and Bolton, R.N. (2002). The effect of customers' emotional responses to service failures on their recovery effort evaluations and satisfaction judgements. Journal of Academic Marketing Science, 30(1), 5-23.

129. Smith, A.K., Bolton, R.N., and Wagner, J.A. (1999). A model of customer satisfaction with serviceencounters involving failure and recovery. Journal of Marketing Res, 36(3), 356-372.

130. Smith, C.A., and Kirby, L.D. (2000). Consequences Require Antecedents: Toward a Process Model of Emotion Elicitation. Chapter in Reeling and Thinking: The Role of Affect in Social Cognition. Ed. J.R. Forgas. Cambridge, UK: Cambridge University Press, 83-106.

131. Smucker, M.K., Whisenant, W.A., and Pedersen, P.M. (2003). An investigation of job satisfaction and female sports journalists. Sex Roles, 49(7/8), 401-407.

132. Solomon, C.M. (1992). The loyalty factor. Personnel Journal, 71(9), 52-60.

133. Sousa-Poza, A., and Sousa-Poza, A.A. (2000). Taking another look at the gender/job-satisfaction paradox. Kyklos, 53, 135-152.

134. Spreecher, S. (1992). How men and women expect to feel and behave in response to inequity in close relation. Soc Psychol Q, 55, 57-69.

135. Stedham, Y.C., and Yamamura H. (2000). Gender and salary: a comparative study of accountants in the US and Australia. Asia Pacific Journal of Human Resources, 38(3), 104-116.

136. Stevens, G.C. (1990). Successful supply-chain management. Manage Decision, 28, 25-30.

137. Sudman, S. (1976). Applied Sampling. New York: Academic Press.

138. Swink, M. (2000). Technological innovativeness as a moderator of new product design integration and top management support. Journal of Product Innovation Management.

139. Terje, S. (2008). Antecedents and effects of emotional satisfaction on employee-perceived service quality. Managing Service Quality, 18(4), 370-386.

140. Thompson, E.R., and Phua, F.T.T. (2012). A Brief Index of Affective Job Satisfaction. Group & Organization Management, 37(3), 275–307.

141. Tsai, W.C., & Huang, Y.M. (2002). Mechanisms linking employee affective delivery and customer behavioral intentions. Journal of Applied Psychology, 87, 1001-1008.

142. Wayne, S.J., Shore, L.M., and Liden, R.C. (1997). Perceived Organizational Support and Leader-Member Exchange: A Social Exchange Perspective. Academy of Management Journal, 40(1), 82-111.

143. Wayne, S.J., Shore, L.M., Bommer, W.H., and Tetrick, L.E. (2002). The Role of Fair Treatment and Rewards in Perceptions of Organizational Support Member Exchange. Journal of Applied

Psychology, 87(3), 590-598.

144. Weiss, D.J., Dawis, R.V., England, G.W. and Lofquist, L.H. (1967). Manual for the Minnesota Satisfaction Questionnaire, University of Minnesota Work Adjustment Project Industrial Relations Center, Minneapolis, MN.

145. Weiss, H. M. (2002). Conceptual and empirical foundations for the study of affect at work. In R. G. Lord, R. J. Klimoski, & R. Kanfer (Eds.), Emotions in the workplace (pp. 20–63). San Francisco: Jossey-Bass.

146. Weiss, H.M. and Cropanzano, R. (1996). Affective events theory: A theoretical discussion of the structure, causes and consequences of affective experiences at work. Research in Organizational Behavior, 18, 1-74.

147. Weiss, H.M., Suckow, K., and Cropanzano, R. (1999). Effects of Justice Conditions on discrete emotions. Journal of Applied Psychology, 84(5), 786-794.

148. Whisenant, W., and Smucker, M. (2009). Organizational Justice and Job Satisfaction in Coaching. Public Organization Review, 9(2), 157-167.

149. Whitener, E.M. (2001). Do High commitment human resource practices affect employee commitment? A cross-level analysis using hierarchical linear modeling. Journal of Management, 27, 515-535.

150. Yang, W.H. (2010). Relationships among Internal Marketing Perceptions, Organizational Support, Job Satisfaction and Role Behavior in Healthcare Organizations. International Journal of Management, 27(2), 235-242.

151. Yao, T., Huang, W., and Fan, X. (2008). Study of hotel employee loyalty: on the perspective of internal marketing. Tourism Journal, 23 (5): 62-67.

152. Yoon, J. and Thye, S.R. (2002). A dual process model of organizational commitment. Work and Occupations, 29(1), 97-124.

153. Zeffane, R., Ibrahim, M.E., and Rashid, A.M. (2008). Exploring the differential impact of job satisfaction on employee attendance and conduct: The case of a utility company in the United Arab Emirates. Employee Relations, 30(3), 237-250.

154. Zhang, H.Q., and Wu, E. (2004). Human resources issues facing the hotel and travel industry in China. International Journal of Contemporary Hospitality Management, 16(7), 424-428.

155. Zhen, X.C., Tsui, A.S., and Farh, J.L. (2002). Loyalty to supervisor vs. organizational commitment: Relationships to employee performance in China. Journal of Occupational and Organizational Psychology, 75, 339-356.

156. USA TODAY. (2013 年 1 月 20 日). 《China’s set to rule the skies of air travel》. http://www.usatoday.com/story/travel/flights/2013/01/20/china-air-travel/1846595/ 新华网翻译：http://news.

xinhuanet.com/yzyd/mil/20130122/c_114450544.htm

157. 王沂钊 (2005) 。幽谷中的曙光 — 正向心理学发展与希望理论在辅导上的应用。教育研究月刊，134 期，106 —117 页。

158. 中国民用航空局发展计划 . (2012 年 5 月 7 日).《2011 年民航行业发展统计公报》，http://www.caac.gov.cn/I1/K3/201205/P020120507306080305446.pdf

159. 中国民航局 . (2012 年 12 月 24 日).《李健：严格落实规章标准 发挥系统安全效能 稳步推进民航持续安全发展》. http://www.caac.gov.cn/a1/201212/t20121224_53015.html

160. 中国民航报 . (2012 年 6 月 13 日). 第 8 版面，《铁打的客舱流水的空乘？ 透析空乘流失现象》，网址 http://editor.caacnews.com.cn/mhb/images/2012-06/13/1339549780909MHB08B613C.pdf

161. 民航资源网 . (2011 年 12 月 12 日).《全面提升服务质量应始于关注一线员工权益》，网址 http://news.carnoc.com//list/207/207810.html

162. 何静娴 . (2013). 基于人力资源政策视角的上市公司内部控制研究 . 交通企业管理 , 1, 43-45.

163. 李宗波和王明辉 . (2012). 员工职业生涯韧性与其不安全感、绩效的关系——上司支持感的调节效应 . 软科学 , 26(8), 104-108.

164. 李杰 . (2007). 员工的组织忠诚度类型及其管理对策 . 武汉科技学院学报 , 4.

165. 李晓东 . (2011). 知识型组织的员工忠诚度测量和提高—对某测绘局的案例分析 . 企业经济 , 6, 68-70.

166. 李锐和凌文辁 . (2010). 上司支持感对员工工作态度和沉默行为的影响 . 商业经济与管理 , 5(33), 31-39.

167. 沈阳晚报 . (2012 年 11 月 10 日). 第 11 版面，《民航局最新规定：日飞行不得超 3.5 小时，空乘收入回归平民本色？》，网址 http://epaper.syd.com.cn/sywb/page/128/2012-11-10/11/36011352492370473.pdf

168. 国际商报网 . (2012 年 12 月 12 日).《国际航协：四年后全球航空客运量将达 36 亿人次》. http://ibd.shangbao.net.cn/a/153998.html

169. 国家旅游局信息中心 . (2012).《中国入境旅游发展年度报告 2012》出版发行 . http://www.cnta.gov.cn/html/2012-7/2012-7-12-18-16-06769.html

170. 罗铁南 . (2007).《浅析我国民航企业人才流失》总第 82 期，67-68 页，网址：http://www.docin.com/p-57975891.html

171. 徐艳 . (2011). 内部控制环境中的人力资源政策及其影响 . 中国新技术新产品 , 20, 220.

172. 彭仁信 . (1994). 李克特式量表中选项问题之探究——以学生疏离量表上的反应为研究案例。国立高雄师范大学教育研究所硕士论文。

173. 新华网 . (2002). 2001 年中国旅游业统计公报 . http://news.xinhuanet.com/zhengfu/2002-10/09/content_589720.htm

174. 张绍勋 (2001). 研究方法。台中：沧海书局。

175. 赵曙明 . (2009). 中国人力资源管理的转变历程与展望作者 . 人力资源管理 , 10

176. 陈萍，田双亮 . (2002). 员工忠诚与人力资本管理风险分析 . 西部论丛 , 12.

附件：《组织支持感与员工忠诚度》调研问卷

您好！

本问卷旨在了解航空业一线人员有关企业支持感与员工忠诚度之间的关系。这项研究将有助增进对企业支持感的认识，从而找出提升员工忠诚度的方法。阁下所填的答案无所谓对错，敬请就实际的感受和看法回答。所提供的资料只会作为学术研究之用，资料绝对保密。阁下的意见对本研究十分重要，恳请完成所有问题，万分感激！

敬祝健康快乐！

第一部分：以下是工作上的一些感受，请圈出适当数字显示你的认同程度。

分配公平 (Distributive Justice)

		非常少程度	很少程度	中立	很大程度	非常大程度
1	你的工资有多大程度与你投入到工作的努力挂钩?	1	2	3	4	5
2	你的工资有多大程度恰当回报你所完成的工作?	1	2	3	4	5
3	你的工资有多大程度与你对企业的贡献挂钩?	1	2	3	4	5
4	根据你的表现，你的工资有多合理?	1	2	3	4	5

程序公平 (Procedural Justice)

		非常少程度	很少程度	中立	很大程度	非常大程度
5	你有多大程度可以在各种程序上表达你的意见?	1	2	3	4	5
6	企业中的各种程序有多大程度得到贯彻执行?	1	2	3	4	5
7	企业中的各种程序有多大程度没有偏见?	1	2	3	4	5
8	企业中的各种程序有多大程度根据准确资料?	1	2	3	4	5
9	你有多大程度可以对程序中得到的结果进行上诉?	1	2	3	4	5
10	企业中的各种有多大程度维护伦理和道德标准?	1	2	3	4	5

人际公平 (Interpersonal Justice)

		非常少程度	很少程度	中立	很大程度	非常大程度
11	有多大程度企业以礼貌的方式对待你?	1	2	3	4	5
12	有多大程度企业以有尊严的方式对待你?	1	2	3	4	5
13	有多大程度企业以尊重的方式对待你?	1	2	3	4	5
14	有多大程度避免对你有不当的言论或意见?	1	2	3	4	5

上司支援感 (Supervisor Support)

		非常不同意	不同意	中立	同意	非常同意
15	上司关心我。	1	2	3	4	5
16	当我有紧急的个人事故，上司会帮助我。	1	2	3	4	5
17	上司觉得我们每一个人都很重要。	1	2	3	4	5
18	当我有例行的家庭或个人事故，上司会帮助我。	1	2	3	4	5
19	上司关心的是我们的想法和感受。	1	2	3	4	5
20	当我有个人问题而影响工作时，上司会谅解。	1	2	3	4	5
21	上司似乎知道很多关于公司的政策，帮助员工管理自己的家庭责任。	1	2	3	4	5
22	我们告诉上司的秘密，会得到保密。	1	2	3	4	5

管理层支持感 (Perceived Management Support)

		非常不同意	不同意	中立	同意	非常同意
23	管理层重视我作出的贡献。	1	2	3	4	5
24	管理层不会欣赏我任何额外的努力。	1	2	3	4	5
25	管理层忽略我任何的投诉。	1	2	3	4	5
26	管理层关心我的幸福。	1	2	3	4	5
27	即使我的工作做到最好，管理层都不会注意。	1	2	3	4	5
28	管理层关心我的工作的总体满意度。	1	2	3	4	5
29	管理层显示很少关心我。	1	2	3	4	5
30	管理层会为我工作的才能而感自豪。	1	2	3	4	5

服务支持感 (Colleague Support)

		非常不同意	不同意	中立	同意	非常同意
31	一般而言，我觉得支持同事提供了很好的服务。	1	2	3	4	5
32	一般而言，我相信支持同事给予顾客很高质量的服务。	1	2	3	4	5
33	一般而言，支持同事的顾客服务有着高标准。	1	2	3	4	5
34	一般而言，支持同事在各方面提供优质的服务。	1	2	3	4	5

员工忠诚度 (Employee Loyalty)

		非常不同意	不同意	中立	同意	非常同意
35	决定在这家企业工作室我的错误。	1	2	3	4	5
36	我对这家企业没有忠诚度。	1	2	3	4	5
37	我会骄傲对其他人说我是这家企业的一分子。	1	2	3	4	5
38	我很在意这家企业的命运。	1	2	3	4	5
39	我对我的朋友表示，在这家企业工作是很好的。	1	2	3	4	5
40	我很少机会会离开这家企业。	1	2	3	4	5
41	留在这家企业不会为我带来什么好处。	1	2	3	4	5

（续表）

42	这是我可以选择工作的企业中最好的一家。	1	2	3	4	5
43	为了留在这家企业，我会接受它所分配的任何工作。	1	2	3	4	5
44	只要工作类型相似，我可以在其他企业工作。	1	2	3	4	5

员工正面情绪 (Employee Positive Emotion)

		从不	很少	间中	经常	非常频密
45	在过去 3 个月内，我感到快乐。	1	2	3	4	5
46	在过去 3 个月内，我感到精力充沛。	1	2	3	4	5
47	在过去 3 个月内，我感到对每事也感到兴趣。	1	2	3	4	5
48	在过去 3 个月内，我感到对某些事感到开心。	1	2	3	4	5
49	在过去 3 个月内，我感到兴高采烈。	1	2	3	4	5

第二部分：个人资料

1 性别：男 / 女

2 工作年资：__________

3 年龄：25 岁以下 / 25-34 / 35-44 / 45-54 / 55 岁以上

4 婚姻状况：单身 / 已婚 / 离婚 / 分居 / 丧偶

5 教育程度：小学 / 中学 / 专上 / 大学 / 硕士 / 博士

6 职位：机组人员 / 地勤人员 / 文职人员

感 言

《组织支持，激活员工的原理和方法》是我在南京大学博士毕业论文中的主体内容，感谢出版社的编辑们可以从众多的论文中挑选出来，悉心指导及进行多次修订，最终得以出版及与读者见面，借此机会再次向在这项研究与实践期间所有给予我帮助的人们致谢：

首先非常感谢我的南大指导导师赵曙明教授，感谢他的精心指导，从选题到调研，再到论文的写作，特别是他爲本文的调研提供各种便利和帮助。感谢他在博士生涯的学习研究中给与的指导和关怀，正是在赵老师的鼓励和点拨下，我得以把攻读博士期间所学到的理论和这些年间在航空公司服务一线及管理工作的实践结合起来，最后才有这本书的出现。

感谢各位教授，诸位老师，所有师兄弟、师姐妹在我撰写论文期间提供过的帮助，感谢所有支持、帮助、批评、鼓励我和理解我的人们！

特别要感谢公司的各同事们，是你们的努力与配合、以及非常重要的企业文化及服务精神，才使这项研究得以顺利实施，我为拥有你们这样优秀上进的同事而感到骄傲与自豪！

在此我要郑重感谢我的家人，感谢你们常年对我的支持和理解！尤其得感谢我的太太 Michelle 和儿子 Ryan，没有你们俩对我关爱和鼓励，相信在我在日常繁忙的工作之余并完成这项研究是不可能的！

最后，我亦想藉此机会感谢我人生中的好前辈——在权先生，认识权哥的时间虽然不长，但权哥对我的支持、鼓励、关心及教导，是我一辈子都忘不了的，故此在本书修订的最后阶段我必须再次感谢他的一贯关爱与指教。

“天行健，君子以自强不息！” 本书在研究阶段中也存在很多的不足，希望各位读者可以多批评指示，令我未来在各项研究及学习中都可以持续提升自己，再次表示感谢。

简浩贤

2016 年 5 月 8 日